지중해의
에티켓과 금기

이 책은 2007년 정부(교육과학기술부)의 재원으로 한국연구재단의 지원(HK사업)을 받아 수행된 연구임(NRF-2007-362-A00021)

지중해의
에티켓과 금기

지중해지역원 지음

이담
Books

　지중해 지역은 크게 두 가지 문화권으로 구성된다. 첫 번째 아라비아반도와 북부 아프리카 지역의 아랍인을 중심으로 한 이슬람 문화권과 동지중해의 유대인이 중심이 된 유대 문화권이다. 이슬람과 유대교는 부분적인 차이는 있지만, 구약성경에 뿌리를 두고 있는 많은 공통점을 공유하고 있는 종교다. 둘째는 유럽의 기독교 문화권으로서 그리스 이탈리아, 프랑스, 스페인 등의 국가가 이에 속한다. 그런데 기독교도, 유대인의 구약성경에 뿌리를 두고 있고 또 이슬람교는 이해의 방식은 다르지만 무하마드 이전 예수의 존재를 인정한다는 점에서, 유대교 및 이슬람교와 상통하는 점이 없지 않다. 더구나 이들 기독교 나라 간에도 그리스 정교, 로마 가톨릭, 개신교(프로테스탄티즘) 등이 독자적, 혹은 서로 혼효된 상태에 있어서 공통점과 함께 차이점을 갖는다.

　아랍과 이스라엘의 금기는 유럽 사회에 비해 상대적으로 사회적 합의를 더 존중하며, 이를 위반하는 것은 사회에 대한 불만 또는 저항으로 간주되어 강력한 사회적 제재의 대상이 될 수 있다. 이는 생태적 환경에서 주어진 생활조건이 단합과 사회적 합의를 요구하는 데서 생긴 전통으로 간주할 수 있겠다. 유럽 북부의 프랑스 지역도 봉건적 귀족 사회의 전통과 파리를 중심으로 한 궁정귀족들의 에티켓에 의해 적지 않게 영향을 받고 있음을 간과할 수 없다. 그러나 남부 유럽 지중해 연안의 그리스, 이탈리아 스페인 등의 예법은 상대적으로 더 이완되고 자연성에 준한 특성을 간직하고 있음을 알 수 있다.

이들 기독교권 나라들의 금기도 다 같은 것은 물론 아니다. 고대 로마제국과 현대 파시즘의 전통을 가진 이탈리아, 또 중세 약 800년간 아랍인이 지배했던 이베리아 반도의 스페인은 현재는 로마 가톨릭의 나라지만 이슬람의 영향에서 자유롭지 않는 등 그리스 정교의 전통을 간직한 그리스와는 상당한 차이점을 보여주고 있다.

이 책은 다양한 전통을 지닌 이들 지중해지역 국가의 특징을 금기와 에티켓을 중심으로 비교적 차원에서 서술했다. 한정된 지면에 여러 나라의 전통을 체계적으로 다 서술할 수가 없었으므로, 주제의 선정과 내용 서술의 장단에 있어서 나라별로 약간의 차이가 있는 것은 바로 이런 점을 염두에 두었기 때문이다. 구체적으로 제1장에서는 지중해지역에서 금기와 에티켓이 갖는 사회적 의미를 서술했다. 그 뒤를 이어 아랍, 이스라엘의 금기와 에티켓을 소개하고, 기독교 유럽의 그리스, 이탈리아, 프랑스, 스페인이 그 뒤를 잇는다.

　　이런 구성을 통해 한편으로 이슬람 및 유대교의 전통, 다른 한편으로 기독교의 전통을 가진 사회를 서로 비교할 수 있고, 나아가 각 문화권 자체 내에서도 서로의 생활습속을 한눈에 비교할 수 있을 것이다. 금기와 에티켓은 각 나라 사람들의 사고방식과 전통은 물론 그에 준하는 생활태도 등을 이해할 수 있는 첩경이 되기 때문이다. 이 책을 통해 지중해지역 문화에 대한 독자의 이해에 도움이 되었으면 하는 바람이다.

2012년 우암골에서
지중해지역원 집필진 일동 씀

Contents

에티켓과 금기의 사회적 의미

윤용수*

　'인간은 사회적 동물이다'라는 명제는 인간의 속성을 가장 잘 규정하고 있는 명제 중의 하나다. 인류의 출현 이래로 인간은 언제나 공동체를 이루어 왔으며 고대는 물론 중세와 현대 사회에서도 공동체는 인간의 삶과 생존을 보장하는 가장 기본적이며 중요한 전제 조건이다. 인간은 공동체에 귀속됨으로써 자신의 생명과 안전을 보장받을 수 있었고, 공동체에서의 이탈은 생명에 대한 심각한 위협으로 간주되었다. 공동체는 구성원의 생명과 재산을 보호하고 이에 대한 대가로 공동체에 대한 충성을 요구했다. 근대에 이르기까지 부족성이 강하게 지배하고 있는 사막의 유목민들에게는 공동체에 대한 배신이 공동체로부터의 추방을 의미하며 이는 곧 육체적·사회적 죽음을 의미하기도 했다. 따라서 자신의 명예보다 공동체의 명예가 더 중요한 가치였고, 때로는 공동체의 명예를 위해 개인의 희생을 요구하는 경우도 빈번하게 발견할 수 있다(예, 명예살인 등). 이러한 현상들은 인간의 사회성과 집단성은 인간의 기본적인 속성이며, 육체적으로 나약한 인간이 생존하기 위한 기본 전

---

* 부산외국어대학교 지중해지역원 HK교수 아랍어 사회언어학전공.

제이자 절대 조건이라 할 수 있다.

사회공동체를 유지하기 위해서는 질서가 필요하며 이 질서는 법률과 같은 형태의 강제적 규약도 있지만, 모든 것을 법률로 규약화할 수 없는 상황에서는 보다 건전하고 원활한 공동체의 운영을 위한 자발적인 구성원 간의 약속이 만들어졌다.

이러한 약속의 구체적인 형태가 에티켓과 금기이다. 에티켓과 금기는 이의 위반 시 법률의 위반과 같은 심각한 육체적·정신적 제재를 받지는 않지만 공동체 구성원으로부터 비난은 물론 상황에 따라서는 법률 위반으로 인한 제재 이상의 대가를 치르기도 한다.

에티켓과 금기는 사회적 약속이란 점에서 공통점을 갖고 있지만, 에티켓은 권장되는 행위인 반면, 금기는 권장되지 않는 행위라는 점에서 구분된다.

1. 에티켓(Etiquette)

'에티켓(etiquette)'이란 단어는 현대에는 '예의' 또는 '예절'이란 의미로 사용되고 있지만 어원은 프랑스어의 고어(古語)인 'étiquette(붙이다)'와 중세 프랑스어인 'estiquette(쪽지)'에서 파생된 단어로서 18세기 중반에 영어에 차용된 단어다.

이 단어의 기원에 대해서는 크게 2가지 주장이 제시되고 있다. 첫째는 13세기 프랑스에서 국왕을 알현하기 위해 베르사유 궁전에 들어가는 사람에게는 궁전에서의 예법을 기록한 안내문(ticket)이 주어졌고 그 안내문이 '에티켓'이란 단어의 기원이라고 전해진다.

둘째는 '에티켓'이란 베르사유 궁전 정원의 화단에 세워진 조그마한 입간판에서 유래한 것으로 그 입간판에는 '꽃밭을 해치지 마시오'란 안내가 기록되어 있었다. 이후 그 의미가 확장되어 '마음의 꽃밭을 해치지 말도록'이란 의미로 확장되어 에티켓이 되었다는 주장도 있다.

상기와 같은 에티켓의 어원을 통해 볼 때 에티켓은 기본적으로 질서와 규칙 및 법도를 의미하며, 공동체 사회에서 구성원들이 지켜야 할 예의와 범절로서 이를 어겼을 경우 경고와 제재를 받음은 물론 사회적 지위와 위신에 심각한 훼손을 당할 수도 있는 행위를 의미한다.

현대 사회에서 에티켓은 의미가 더욱 확장되어 표면적·형식적 유의사항, 예의범절만을 의미하는 것이 아니라 상대방의 인격을 존중하고 배려하며 이를 상대방에게 전달하는 방법으로 이해된다. 즉, 에티켓은 공동체 사회생활에 필요한 관습적인 요구, 특정 상황에서 특정 계층이나 집단에 요구되는 행동, 공식 또는 비공식 상황과 의식에서 요구되는 행동양식, 타인과의 관계에서 요구되는 윤리적 행동양식의 총체라 할 수 있다.

에티켓은 문화와 국가에 따라 다양하게 나타난다. 특정 지역과 문화권 및 종교에서는 에티켓으로 간주되지만, 다른 집단에서는 결례로 간주되는 경우도 있다. 예를 들어 아프리카의 하우사(Hausa)에서 선 채로 식사하는 것은 음식을 제공한 주인에 대한 불쾌감을 나타내는 무례한 행동이거나 또는 '악마와 함께 식사한다'는 의미의 불길한 징조로 간주된다. 그러나 유럽 사회에서는 일어선 채로 파티를 즐기는 경우(standing party 등)를 쉽게 발견할 수 있다.

중국에서는 접시에 남은 마지막 음식을 주인에게 먼저 권하지 않고 손님이 먼저 먹는 행동은 주인의 환대에 대한 모욕으로 간주한다. 또한 중국 전통에서는 손님이 자신의 접시에 담긴 음식을 남기지 않고 모두 먹는 것은 음식을 대접한 주인의 인색함을 표현한 것으로 간주한다. 반면 미국에서는 손님이 주어진 음식을 모두 먹는 것은 주인에게 대접받은 음식에 대한 감사의 표현으로 간주한다.

전통적으로 상하 간, 노소간의 계층인식이 뚜렷한 한국과 일본 같은 사회의 술자리에서 잔을 주고받는 권주(勸酒) 문화는 계층 간, 세대 간의 벽을 허물고 우호감을 표시하는 행위로 인식되지만, 서구 사회에서 이런 행위는 권장되지 않는다. 프랑스에서는 식사시간에 대화를 나누는 것이 자연스러운 일이며 권장하는 행위지만, 전통적인 한국 사회에서 이는 권장하지 않는 행동이다. 한국에서는 부모나 윗사람 앞에서 술을 마시는 것은 허용되나, 담배를 피우는 것은 금기시된다. 반면에, 서구 사회에서는 담배를 피우는 것은 허용되나, 술은 허용되지 않는다. 두 집단 모두 부모와 윗사람을 공경해야 한다는 인식에 있어서는 공통점을 갖고 있지만, 그 표현 방식에 있어서는 차이를 보이고 있다.

이처럼 상대에 대한 존중과 배려의 의도는 동일하다 해도 이의 표현방식인 에티켓은 지역 간 차이가 있음을 쉽게 발견할 수 있다. 이는 역사적·문화적·생태적 차이에서 기인한 지극히 자연스러운 현상이다. 수저를 사용하여 식사를 하는 동양의 식사 에티켓이 손을 직접 사용하여 식사하는 관습을 갖고 있는 서남아시아 유목민의 식사 관습보다 문화적으로 우월하다는 증거는 그 어디에도 없다.

효, 사랑, 협동 등과 같은 인간의 보편적인 가치가 적용받는 부문에서는 집단 간의 차이에도 불구하고 유사한 에티켓이 적용되지만, 생태적, 환경적, 역사적, 문화적 요인에 의한 각 문화권 간의 변별적 차이가 적용되는 영역에서는 다양한 형태의 에티켓이 나타나기 마련이다. 이러한 각 공동체의 에티켓의 변별적 차이는 개별 공동체의 문화적 특징을 대변하는 것으로서 마땅히 존중받아야 한다. 자신의 행동양식과 다르다 하여 이를 무시하고 경시하는 태도는 자신의 문화적 무지와 경솔함만을 드러낼 뿐이다.

대화 에티켓, 식생활 에티켓, 운전 에티켓, 여성에 대한 에티켓, 상사에 대한 에티켓, 부하직원에 대한 에티켓 등등 사회생활 전반에 걸쳐 에티켓이 적용되지 않는 경우는 없으며 이를 지키지 않을 경우 '무례한 사람'으로 인식되어 사회생활에 심각한 장애를 겪게 된다.

다양한 문화가 공존하는 현대 사회에서는 수많은 에티켓이 존재하며 이의 습득과 준수는 공동체 생활을 영위하기 위해 반드시 지켜야 할 행위로서 법률 이상의 암묵적 제재를 받는 사회적 약속이 되었다.

현대 사회에서는 교통과 통신의 발달과 함께 국제화가 급속하게 진행되어 본인이 속한 공동체뿐만 아니라 이문화 사회의 에티켓까지 학습하지 않으면 크고 작은 문제들을 야기시키게 된다. 국가 단위의 외교에서 발생한 사소한 외교적 결례가 엄청난 국익의 손실을 초래하기도 하고, 개인 간의 사소한 결례가 큰 오해를 불러일으키는 경우도 빈번하다. 특히, 국제화와 다문화 사회로 진입하고 있는 현재의 한국 사회에서 타 문화의 특성에 대한 이해와 이와 관련된 에티켓의 중요성은 아무리 강조해도 지나치지 않다.

2. 금기(禁忌, Taboo)

금기 역시 에티켓과 함께 개별 사회의 특징을 잘 반영하고 있는 문화적 특징이다. 금기는 사전적인 의미로 '꺼리다', '기피하다'라는 의미를 갖고 있으며 어떤 행동을 함으로써 자신과 집단에 닥칠지도 모르는 불행이나 재해를 미연에 방지하고자 하는 절제된 생활태도를 말한다.

영어에서 금기를 의미하는 'taboo'는 남태평양 폴리네시아 사람들의 토착언어로서 '신성', '접촉할 수 없는'이란 의미와 '섬뜩한', '위험한', '금지된', '부정한 것'이라는 2가지 상반된 의미를 내포하고 있다. 이 용어는 1777년 영국의 탐험가 James Cook이 통가(Tonga)왕국을 탐험한 후 이 지역의 문화를 소개하면서 최초로 사용되었다. 즉, 금기(taboo)는 신성함을 갖추고 있는 것으로서 특정 지위의 사람들에게만 허락된 것이며 일반인이 이를 범할 시 제재를 받게 되는 행위를 의미하는 용어로 사용되게 되었다.

모든 인간 사회에는 예외 없이 금기가 존재하며 사람은 태어남과 동시에 금기의 지배를 받게 된다. 사회는 각종 금기를 이용해 개인의 언행을 제어하고 각 사회에 맞는 행동 준칙을 요구하기도 한다. 금기는 공식 교육을 통해 습득되는 것은 아니며 법률과 같은 강제성은 없지만 해당 사회공동체의 일원으로서 수용해야만 하는 사회적 약속이다. 가정과 사회는 각종 금기를 통해 가풍, 가훈, 사회적 예의와 윤리 등을 교육하기 때문에 금기는 사회교육의 기능도 담당하고 있다 하겠다.

금기는 사회질서를 유지·보호하기 위한 구성원들 간의 암묵적 약속으로서 나름의 사회적 기능을 수행하고 있다. 금기를 준수하는 것은 사회적 합의를 준수하는 것이며, 이를 위반하는 것은 사회에 대한 불만 또는 저항으로 간주되어 강력한 사회적 제재를 받을 수도 있다.

이처럼 권장받지 않는 행동을 제어하는 기능을 가진 금기는 법률은 아니지만 법률 이상의 제재력과 억지력을 갖고 있기도 하며 시대, 집단, 지역 등에 따라 다양한 금기가 존재했다. 시대와 지역을 막론하고 인류가 보편적으로 공유하고 있는 금기도 있지만, 그 실현 형태는 다양하게 나타날 수 있으며 각 시대와 지역에 따라 독특한 형태의 금기도 존재한다. 공동체와 지역의 환경적·문화적 특성들과 밀접한 관계를 갖고 있는 금기의 특징은 다음과 같이 정의할 수 있다.

첫째, 금기는 종교와 불가분의 관계가 있다. 종교는 금기의 힘을 빌려 그 신성성을 보호하고 강화하며, 금기는 종교의 전파력을 빌려 사람들의 물질생활, 정신생활, 사회생활의 영역에 확산되었다. 종교적 권위를 강화하는 데 금기는 매우 유용한 수단이며, 종교의 힘을 빌려 금기는 그 정당성과 타당성을 보장받기도 한다. 특히, 고대와 중세 사회의 샤머니즘(shamanism)과 토테미즘(totemism)적 신앙에서는 무당(shaman)이 본인의 신성성을 강화하기 위해 행위와 공간 등과 관련된 의도적인 금기를 설정하는 경우가 빈번하였으며, 힌두교가 지배하는 인도 사회에서 소고기 섭취를 금기시하는 것은 토테미즘의 영향력이라 할 수 있다.

이슬람교에서 쿠란은 이 세상에서 가장 정결한 것으로서 깨끗한 곳에 보관해야 하며, 더러운 손으로 만져서도 안 되고 무슬림이 아닌 사람은 만질 수도 없다. 이는 부정한 것, 해로운 것과의 접촉을 금지함으로써 이슬람교의 경전인 쿠란의 신성성을 강조한 것이라 할 수 있다.

둘째, 금기는 권력자들의 권력과 지위를 보존하기 위해 이용되기도 했다. 기원전 동부 지중해에서 발생한 오리엔트 문명에서 문자는 신성시되었고 이를 판독하는 것은 성직자 계층의 고유 권한이었다. 현대 사회에서 정보가 권력이듯이 고대 사회에서도 정보는 권력자들의 전유물이었으며 정보를 담고 있는 문헌의 판독은 왕과 같은 권력자나 제사를 주관하는 성직자의 고유 영역이었다. 따라서 일반인들이 문자에 접근하는 것이나 판독하는 것은 당시의 권력 계층인 성직자의 권위에 대한 도전으로 간주되어 금기시되었다.

셋째, 시대에 따라 금기는 변화해 왔다. 다신교 신앙과 우상 숭배가 팽배했던 고대와 중세 사회에서는 자연 현상과 종교적 의미가 반영된 금기가 주류를 이루었지만, 18세기 이후 이성에 근거한 합리주의와 과학의 발견을 통해 금기로 간주되던 많은 현상들에 대한 이해가 증가함으로써 자연의 변화 및 토템과 관련된 현상들은 더 이상 금기로 간주되지 않게 되었다.

고대와 중세 사회에 특정한 허락된 사람들에게만 출입이 허락되던 사당과 신전 등은 이제는 누구나 출입할 수 있는 공간이 되었고, 숭배의 대상이었던 동식물들은 동물원과 식물원에서 관람하는 상황이 되었다.

반면에 시대와 사회의 변화와 함께 새로운 금기가 등장하기도 했다. 현대의 미국과 유럽 사회에서는 과거에 시행은 물론, 논의 자체도 금기시되었던 성(性)과 낙태와 같은 주제에 대한 공개적인 토론이 일반화되었다. 간질, 성 전환과 같은 주제들은 더 이상 금기시되는 주제가 아니라 의학적인 주제로 간주되어 과거보다 활발한 토론이 진행되고 있다. 변화하는 사회적 관습과 기준은 노예 제도, 일부다처제, 근친혼과 같이 과거에는 당연하게 수용되던 제도들이 현대에는 새로운 사회적 금기가 되는 경우도 있다.

넷째, 금기는 집단 정체성의 표현을 위해 사용된다. 특정 종교의 금기(의식, 음식, 의복 등)는 다른 종교와 구분되는 특징으로 간주되기 때문에 종교의 가장 본질적인 부분으로 이해되기도 한다. 음식과 관련된 종교적 금기에서는 무엇을 먹으며, 언제 먹으며, 누구와 함께 먹는가 하는 것 등이 매우 중요하게 간주되기도 한다. 예를 들어 돼지고기를 먹지 않는 것은 유대교와 무슬림의 특징이며, 소고기를 먹지 않는 것은 힌두교도의 특징이다. 랍비의 모자는 유대교도의 상징이며, 히잡은 무슬림의 상징이다. 무슬림은 이슬람력 9월(라마단)에는 한 달 동안 낮에는 금식을 한다. 이처럼 금기의 준수 그 자체는 경우에 따라 종교적 행위의 표식이 되기도 한다.

다섯째, 금기는 집단에 따라 다양하게 나타난다. 대부분의 금기는 해당 민족과 사회의 기층문화 및 역사적 발전 과정과 밀접한 관련이 있다. 대부분의 문화권과 국가에서 보편적으로 금기로 취급되는 것이 있는 반면에, 특정 민족에게는 금기로 간주되는 것이 다른 민족에게는 금기가 아닌 경우도 있다. 동일한 민족이라도 지역과 사회계층 및 직업에 따라 다르게 적용되는 경우도 있다.

기독교적인 시각에서는 다신교 신앙의 의식들을 미신이라고 하지만, 다신교 신앙을 믿는 이들은 기독교를 편협하고 왜곡된 신앙이라 비판한다. 기독교들은 가톨릭의 성자와 유물에 대한 숭배를 우상 숭배라 주장하고, 가톨릭에서는 불교의 의식들을 우상 숭배로 인식하기도 한다. 하지만 무신론자들은 모든 종교의 종교적 행위와 의식을 비이성적, 비논리적이라 생각한다.

서양에서는 잘 모르는 사람의 개인사에 대해 물어 보는 것은 예의에 어긋나는 것이라 생각하지만, 중국은 이를 물어 보지 않으면 자신에 대한 무관심으로 생각한다. 서양에서는 숫자 13에 대해 불길한 의미를 두어 경계하지만, 동양에서는 숫자 4를 꺼린다. 이슬람 문화권에서는 왼손의 사용을 부정한 것으로 간주하지만, 기독교 문화권에서는 이에 대해 아무런 제재가 없다. 이는 서로 다른 가치 체계를 반영한 것이다.

초기 인류 사회에서 금기는 혼돈과 무지와 불안정에 인간의 의지를 반영하여 이를 극복하기 위한 노력이었다. 태풍, 지진, 홍수, 일식 등과 같은 인간의 힘으로 극복할 수 없는 자연 현상을 재앙으로 해석하여 금기의 준수를 통해 이를 극복할 수 있다고 믿었다. 육체적으로 강력한 힘을 가진 동물을 우상화함으로써 그 힘을 인간이 얻을 수 있다고 믿어 이를 신성시했다.

20세기 이후 과학 및 학문의 발전에 따라 이들 현상들을 자연 현상으로 이해하고 이들과 관련된 의식들이 미신으로 판정되어 많은 금기들이 사라졌지만, 이러한 금기들은 현대 사회에서도 여전히 강력한 영향력을 갖고 있다. 서구인들은 여전히 13일에 비행기를 타는 것을 꺼려하고, 한국과 중국인들은 숫자 4를 사용하는 데 여전히 주저한다.

인간 삶의 모든 현상과 부분들을 과학적으로 설명할 수 없다는 한계를 인정할 때 금기는 여전히 인간 사회의 중요한 규범으로서 작동할 것이며, 금기의 심리적, 계도적, 법률적인 역할은 계속될 것이다.

이처럼 종교적·문화적·역사적·환경적 요인을 반영하고 있는 금기는 해당 사회를 이해하는 중요한 나침반의 역할을 수행하기도 한다. 각 민족의 생활 방식은 자연환경, 사회환경, 생산방식, 역사, 문화 등에 따라 상이하며, 지역과 민족의 차이에 따라 서로 다른 종류의 금기를 갖게 되는 것 역시 지극히 당연한 현상이다. 따라서 금기는 문화 현상과 관습처럼 인류의 경험과 지혜의 산물이며 소중한 문화유산으로 이해해야 한다. 또한 금기는 문화 상호 간의 의사소통에서 중요한 역할을 담당하고 있기 때문에 금기에 대한 이해는 다양한 문화와 인종들이 함께 살아가는 현대의 다문화 사회를 유지·발전시키기 위한 중요한 요소라 할 수 있다.

3. 지중해의 에티켓과 금기

B.C. 4000년경 오리엔트 문명의 발흥 이후 현대에 이르기까지 오랜 역사와 다양한 문명의 토양을 갖고 있는 지중해는 그 역사적·문화적 토양의 깊이만큼이나 각각의 민족과 국가에 따라 다양한 형태의 금기와 문화적 전통을 갖고 있다.

지중해는 문명을 기준으로 구분하면 서북 지중해의 기독교 문명권(유럽)과 동남지중해의 이슬람 문명권(아랍)으로 구분할 수 있다. 지중해는 세계 3대 계시 종교(유대교, 기독교, 이슬람교)의 발생지로서 여타 지역에 비해 종교색이 강한 지역이며, 이들 지역의 에티켓과 금기 역시 유대교와 기독교 및 이슬람교의 영향을 받고 있다.

3대 계시 종교는 지중해 전 지역에 영향을 끼치고 있으며 모두 유일신 사상을 강조하고 있어 지중해에서 샤머니즘 또는 토테미즘과 관련된 관습은 거의 사라졌고 계시 종교와 관련된 전통이 대부분이라 하겠다.

계시 종교 중 가장 선발 종교인 유대교는 역사적으로 디아스포라(diaspora), 3,000여 년에 걸친 오랜 유랑생활과 인종 탄압 등 오랜 시련과 아픔을 갖고 있는 종교이다. 이러한 시련은 유대교를 수용한 유대인을 더욱 단결하게 하였으며 그들 나름의 전통과 관습을 고수하게 했지만, 역사적 고난 때문에 이민족에게 보편적으로 확산되지는 못하고 대부분의 전통과 관습은 기독교를 통해 계승되었다.

유대교의 선민주의를 극복하고 하나님 앞에서 인간의 평등과 예수를 통한 구원을 강조하는 기독교의 금기와 관습은 대부분이 하나님과 예수에 대한 복종 및 신앙심과 관련된 것이다. 즉, 유일신을 인정하고, 신앙생활을 저해할 수 있는 음주, 음행, 거짓말, 탐욕 등을 경계하는 것이 기독교 금기의 본질이다.

기독교가 확산되어 있는 서북지중해 지역에서 개인의 구원을 본질로 하는 기독교 사상의 특성을 반영한 개인주의 사상이 일반화된 것은 지극히 당연한 현상이며, 이 지역의 금기 역시 개인의 행동을 제어하는 것이 대부분이다.

반면에 동남지중해의 아랍·이슬람 지역은 개인의 구원보다 집단의 가치와 행복을 구현하는 것을 더 중요시하고 있고, 이에 따라 금기도 집단의 행복과 관련된 내용들이 더 많다. 즉, 기독교 사회의 금기가 주로 개인의 신앙 및 구원과 관련된 것임에 비하여, 이슬람 사회의 금기는 신앙적인 내용과 함께 공동체(umma)의 건설 및 유지와 관련된 내용이 상당 부분을 차지한다는 차이점이 있다. 이는 기독교가 개인의 구원에 중심을 둔 반면에, 이슬람은 공동체의 건설과 유지에 더 많은 중점을 두는 현실적 종교라는 차이에서 기인한다.

이슬람교에서 쿠란은 종교의 경전인 동시에 현실 사회에서 최고의 상위법이다. 쿠란은 종교인으로서 갖추어야 할 요구 및 금기와 함께, 사회공동체 유지를 위한 구체적인 항목(결혼, 부녀자와 고아 등에 대한 처우 등)과 금기(의복, 음식 등)를 함께 제시하고 있다.

종교적으로 알라의 가르침과 명령에 절대 복종하는 것은 무슬림으로서 최대의 의무이자 행복이며 동시에 알라의 말씀인 쿠란에서 제시된 사회적 책무를 수행하는 것 역시 무슬림의 의무다. 따라서 쿠란과 하디스(사도 무함마드의 언행록)에서 허용된 것(halal)과 금지된 것(haram, 금기)은 엄격하게 준수되며 이를 위반할 시 법적인 제재를 받게 된다.

이슬람이 무슬림들에게 요구하는 규범은 다양하지만 대략 아래의 5가지 범주로 구분할 수 있다(Abu Bakr al-Jazairi, 1998, 23). ① 이슬람에서 허용되는 것, ② 이슬람에서 권유되는 것, ③ 이슬람에서 허락되지 않는 것, ④ 이슬람에서 의무적인 것, ⑤ 이슬람에서 금지되는 것이 그것이다.

무슬림들의 행동을 일반적으로 지배하는 위의 다섯 가지 범주는 대부분 쿠란과 순나(sunna)에서 유래된 것이며, 각 범주의 경계는 유동적이며, 상황에 따라 다양하게 해석될 수 있다. 특정한 상황에서 금지된 것은 다른 상황에서는 예외적인 경우로 허용되거나 의무가 되기도 한다. 예를 들어, 무슬림이 돼지고기를 먹는 것은 금기이지만, 기아에 빠져 있거나 생명을 구하기 위해서 어쩔 수 없을 때에는 돼지고기가 허용된다. 이슬람력 9월(Ramadan)의 단식은 모든 무슬림의 의무로서 이 기간 동안 낮 시간에 음식을 섭취하는 것은 엄격히 금지되어 심지어 흡연과 침을 삼키는 것조차 금지된다. 그러나 임신부, 노약자, 환자와 여행자의 음식 섭취는 허용된다.

위의 범주 중 남성들에게는 비교적 많은 부분이 허용되고, 의무와 금지에 해당하는 부분이 적은 반면에, 여성들에게는 남성들에 비해 보다 많은 의무와 금지가 부과되는 점은 아랍·이슬람 사회 공동체의 특징이다. 이는 전통적으로 남성 중심인 아랍 사회의 특징을 이슬람이 부분적으로 수용하고 있기 때문이다.

현재 전 세계에 분포되어 있는 이슬람의 관습과 형태는 개별 국가 또는 지역마다 상이한 모습을 갖고 있지만, 이런 변형들이 허용되는 것은 개별 특수성을 수용하는 이슬람의 포용성이 반영된 것이다.

이슬람의 출현 이후 아랍 사회는 빠른 속도로 이슬람화(化)되고 이슬람의 요구를 사회제도로서 수용했지만, 아랍인들이 본래 가지고 있던 전통을 완전히 배제하지는 않았다. 물론, 남녀의 성차별 인식에 기초한 불평등한 사회제도나 여아(女兒)의 매장과 같은 반인륜적 제도는 엄격하게 금지되었지만, 아랍인들이 갖고 있던 생활방식의 상당 부분은 이슬람의 테두리 안에 남게 되었다.

수용성과 다양성을 인정하고 허용하는 이슬람의 특성상 이슬람 이전 남성 중심의 아랍 사회의 관습을 이슬람 시대에도 완전히 배제할 수는 없었고, 이슬람의 확산을 위해서도 기존의 전통을 일정 부분 수용할 수밖에 없었기 때문이다. 이러한 현상은 인도 불교가 중국에 진출하기 위해 인도 불교에는 없었던 효(孝) 사상을 수용한 것이나, 한국에 전래하기 위해 한국 사찰에 산신각을 허용한 것과 같은 맥락에서 파악할 수 있다. 또한 한국 가톨릭의 조상에 대한 제례 의식은 다른 나라의 가톨릭에서는 발견할 수 없는 한국만의 독특한 현상으로서 이것 역시 가톨릭의 한국 진출을 위해 용인된 것이라 할 수 있다.

이처럼, 본래의 종교에는 없었던 또는 금기시되던 현상이 포교를 위해 다른 지역에서 허용되는 것은 종교적 유연성과 함께 지역에 따른 금기의 상대성을 반영한 것이라 할 수 있다.

기독교와 유대교와 이슬람교는 동일한 유일신 사상과 표현의 차이일 뿐(야훼, 하나님, 알라) 동일한 절대자를 숭배하고 있다는 점에서 많은 공통점을 갖고 있지만, 그 차이점도 보이고 있다. 인생관과 세계관 및 내세관 등의 종교적 차이뿐만 아니라, 현실세계에서도 기독교는 금욕과 절제를 강조하지만, 이슬람에서는 지나치지 않는 범위 내에서 행복의 추구는 권장하고 있다. 기독교에서는 부자가 천당에 가는 것은 낙타가 바늘구멍을 지나는 것만큼이나 힘들다고 강조하지만, 이슬람에서는 정당한 방법에 의한 부의 축척과 이의 건전한 향유는 권장하고 있다. 가톨릭에서 이혼은 허용되지 않지만, 이슬람에서 이혼은 어쩔 수 없는 경우 필요악으로 간주한다.

상기와 같이 지중해의 관습과 금기는 해당 문명권과 국가에 따라 다양한 양상을 보이고 있지만, 인간 삶의 보편적인 부분에서는 공통점도 갖고 있다. 효, 사랑, 평등 등 인류 보편의 가치에 있어서는 기본적으로 공감하지만, 그 표현과 실행 방식에 있어서는 차별성을 보이고 있다. 이는 각 지역의 기층문화의 차이를 반영한 것이라 하겠다.

지구촌 시대에 살고 있는 21세기에 자기 문화 중심의 편견으로 다른 민족의 에티켓과 금기를 평가하는 것은 심각한 문화적 편견이며 무지의 소치다. 인간 삶의 방식은 자연환경과 같은 생태적 요인과 종교, 전통, 관습 등의 문화적 환경의 지배를 받을 수밖에 없으며 특정 지역의 에티켓과 금기는 이러한 환경적 요인의 결과일 뿐이다. 열대 지역에서는 얇은 옷을 입고, 한대 지역에서는 두꺼운 옷을 입는 것과 같은 이치다.

환경적·문화적 특징으로 인해 나타나는 차이점을 원시와 야만의 개념으로 판단하는 것은 심각한 지적 오류이며 글로벌화된 21세기에 지양해야 할 사고방식이다. 21세기에는 자신과 타자를 구분하는 차별 의식이 아니라 더불어 살아가는 공영 의식이 더 중요한 가치가 될 것이며 그 기저에는 이미 보편화된 문화상대주의에 대한 이해가 필요할 것이다. 이를 위해서 타 문화의 에티켓과 금기에 대한 이해는 세계 시민의식의 배양에 큰 도움이 될 것이다.

참고문헌

권삼윤, 『차도르를 벗고 노르웨이 숲으로』, 서울: 개마고원, 2001.

김종수, "금기와 사전에 나타난 금기어", 『독어교육』 제20집, 2000.

윤용수, 임병필, 『아랍어와 아랍문화』, 서울:한국학술정보(주), 2007.

윤용수, 전완경, 『이슬람의 에티켓과 금기』, 서울: 북스페인, 2009.

전완경, 『아랍의 관습과 매너』, 부산: 부산외국어대학교 출판부, 1999.

최영길, 『성 코란 의미의 한국어 번역』, 서울: 파흐드 국왕 코란 출판청, 2000.

Al-Qardawi, Yusuf, *Al-Ḥalāl wa Al-Ḥaram fil Islam*, Cairo: Al Falah Foundation
for Translation, Publication & Distribution, 2001.

Mohsin Khan, Muhammad, *Summarized Sahih Al-Bukhari*, Saudi Arabia: Maktah
Darul as-Salam, 1996.

Zarabozo Jamal ad-Din, *Islamic Etiquette*, Beirut: Daru as-Slam, 1998.

Zrein Matraji F. Amira, *Mukhtasar Sahih Muslim*, Beirut: Dar El Fikr, 1998.

이슬람 세계의 허용과 금기

황의갑*

이슬람 세계의 허용과 금기는 이슬람 율법에 따라 정해진다. 이슬람에서 정하는 허용과 금기는 다른 종교, 문화와 비교하여 볼 때 매우 특색이 있다고 하겠다.

예를 들면 이슬람 세계가 아닌 서방과 다른 세계에서는 제비뽑기, 이자, 금지되지 않은 여인들과의 은둔생활, 남자의 금장식 착용 등의 경우는 허용되고 있지만 이슬람에서는 금하고 있다. 또한 이슬람에서 허용된 것 가운데 이혼이나 일부다처의 경우는 서방과 다른 세계에서는 매우 혐오스러운 눈길로 보고 있다.

사실 허용과 금기는 고대부터 모든 사람들에게 알려진 개념이지만 사람들마다 금지와 금기의 정의, 관점 그리고 원인 등을 규명하는 것에 대해서는 그들의 믿는 대상과 미신들로 인해 각기 다른 의견들을 가지고 있다.

이슬람에서의 허용과 금기는 하나님이 지상에 내리신 신탁의 일부로 생각하기 때문에 매우 단순하고 명료한 것으로 판단한다. 이에 대한 쿠란 구절을 인용해 보면 다음과 같다.

---

* 부산외국어대학교 지중해지역원 HK연구교수 이슬람학전공.

"말하라, 하나님께서 그의 종들에게 만들어 준 장신구와 베푸신 좋은 것들을 금한 것이 누구냐? 말하라, 이것은 부활의 날에 현세에서 믿음을 가졌던 자들의 것이 된다. 게다가 나는 알고 있는 자들에게 계시를 상세하게 하였느니라. 말하라, 나의 주님이 금지한 것은 외관으로 나타난 것이나 안으로 감추어진 것을 불구하고 부끄러운 행위, 죄, 부당한 횡포, 어떤 권능도 받지 못한 자를 하나님과 같이 숭배하는 일, 그리고 하나님에 대해 알지 못하고 말하는 것들이니라."(쿠란 7:32-33)

이슬람에서 허용은 금지된 것이 아닌 허용될 수 있는 행위(하나님께서 금하지 않고 허락해 놓은 행위)를 말하며, 금기는 하나님께서 엄중히 금한 행위를 말하는데, 이를 어기면 내세에서 영원한 벌을 받을 것이며 현세에서도 심판을 받게 된다는 것이다. 또한 금기는 아니지만 혐오스럽거나 괘씸한 행위로 마크로우(Makrouah)라는 것이 있다.

1. 허용과 금기에 관한 이슬람 원칙

허용과 금기는 이슬람이 출현하기 전부터 있었던 것이다. 이슬람 이전 아랍인들은 허용과 금기의 대상과 행위들에 대한 기준을 혼동하였고, 이에 대한 기준의 표본을 제시하였다. 알코올 섭취와 고율의 이자를 받는 고리대금업과 여아의 살해와 여성의 고문과 감금 그리고 그와 비슷한 많은 나쁜 행위들을 자행하기도 하였다.

1) 기본 원칙은 허용 가능이다

이슬람에 의해 설립된 기본 원칙은 하나님이 창조한 모든 것, 그리고 그것으로부터 파생된 혜택들은 인류가 사용하는 데 있어 필수적으로 허용된 것이다. 또한 어떤 것도 창조주 하나님에 의해 명백하게 금지된 것을 제외하고는 금기가 아니다. 만일 출처가 불분명하거나 빈약한 하디스를 이용하여 금기를 논할 경우 허용 가능의 원칙이 적용된다.

"너희는 하나님이 너희를 위해 하늘과 땅에 있는 모든 것을 복종케 한 것과 그리고 너희에 대해 보이든 안 보이든 그분의 은총을 베푼 것을 보지 못했는가?"(쿠란 31:20)

이슬람에서 허용된 것은 굉장히 많은 반면, 금기시하는 것은 매우 적다. 또한 금기 사항도 확실하고 정확한 자료에 따라야 하며, 언급되지 않은 사항은 일반적으로 허용하는 것이 기본 원칙이다.

2) 허용과 금기를 정하는 것은 오직 하나님의 고유 권한이다

허용과 금기를 정하는 것은 인간이 정하는 것이 아니라 하나님의 고유 권한으로 인정하고 있다. 랍비, 성직자, 왕, 술탄 등은 하나님의 종복에게 영원히 어떤 것을 금지시킬 수 없다. 만약 누군가가 이런 일을 할 경우, 그는 사람들로부터 하나님과 버금가는 위치로 격상될 수 있기 때문이다.

쿠란은 성서의 백성들(기독교도와 유대교도들)이 그들의 성직자들과 랍비들의 판단에 따라 허용과 금기에 대한 원칙 적용을 책망하였다.

쿠란은 다신론자들이 하나님으로부터 어떠한 권능도 없이 법제화하거나 금하는 것을 책망하였다. 이슬람법학자들은 쿠란과 하디스에 근거하여 하나님만이 허용과 금기를 결정한다고 확신하고 있다.

3) 허용한 것을 금기하고, 금기한 것을 허용하는 것은 우상숭배와 유사하다

이슬람은 자신들의 권위로 허용과 금기를 정하는 이들을 비난한다. 이는 하나님께서 그의 창조물들을 위해 광범위하게 한 것을 자의적으로 좁게 해석함으로써 인류에게 고통을 주는 경향이 있기 때문이다. 게다가 이런 경향은 종교적인 문제에 있어 일부 극단론자들에게 널리 퍼져 있기 때문에 반드시 유념해야 할 사안이다.

예언자는 하나님의 뜻을 다음과 같이 전했다. '그들은 내가 허용한 것을 인간들에게 금했다. 나는 믿음이 있는 인간을 창조했다. 악마가 그들에게 와서 그들의 종교를 벗어나게 했으며, 어떤 권능도 소유치 못한 것을 나와 동등하게 숭배토록 명했다.' 또한 쿠란 구절에서는 다음과 같이 언급하고 있다.

"믿는 자들이여, 하나님께서 허락하신 좋은 것을 금하지 말라. 그리고 도를 지나치지 마라. 하나님은 도가 지나치는 자를 좋아하지 않으신다. 하나님께서 너희에게 베푸신 좋은 음식만 먹어라. 그리고 너희가 믿는

자들이라면 하나님을 경외하라."(쿠란 5:87-88)

4) 금기하는 것은 부도덕하고 해롭기 때문이다

하나님의 권리는 인간을 창조하여 인간에게 수많은 선물을 주고, 적당하다고 생각하여 허용하거나 금하도록 하였고, 의무와 책임을 부여하였다. 그분의 창조물로서 인간은 결코 그분에 대해 의문을 갖거나 불복종할 수 없다. 하나님도 그의 명령에서 독단적이지 않다. 그는 그의 종들에게 자비롭기 때문에 인간들의 행복을 위해 허용과 금기를 정하였다. 따라서 그는 순수한 것만을 허용하였으며, 불결한 것만 금하였다.

하나님은 유대인들에게 어떤 좋은 것을 금하였는데, 이는 그들의 반항과 종교적 죄에 대한 벌이었다. 쿠란 구절을 인용하면 다음과 같다.

"유대교를 믿는 자들에게 나는 발톱을 가진 가축들을 모두 금했다. 소나 양의 등이나 장, 그리고 뼈에 붙어 있는 것을 제외한 지방을 금했다. 이것은 내가 그들의 반항적 행위에 대한 보상이니라. 실로 나는 진실하다."(쿠란 6:146)

"유대교를 믿는 자들이 행했던 나쁜 일의 벌로서 예전에 허용했던 좋은 것을 금했다. 그것은 그들이 하나님의 길에서 많은 이들을 방해한 벌이다. 그들은 금지된 이자를 취하고 사람들의 재산을 부정하게 탐하였다."(쿠란 4:160-161)

5) 허용이라는 것은 충분한 것이고, 금기하는 것은 초과하는 것이다

　이슬람의 매력 중 하나는 인류에게 편안하고 안락함을 주는 더욱 좋은 대안들을 제공하고 있기 때문이다. '하나님은 많은 이를 현혹시키는 예언 행위를 금지하고 있다. 하지만 하나님의 보호를 구하는 기도에서는 대안들이 허용된다. 고리대금은 금하지만, 이익을 남길 수 있는 거래는 장려하고, 도박은 금하지만 승마나 낙타 경주, 사격대회 등과 같은, 무슬림들의 종교적 노력에 도움이 되는 경쟁의 형태에 내기를 하는 것은 허용이 된다. 또한 남자들이 비단으로 된 옷을 입는 것을 금하지만 대신에 양모, 리넨, 면으로 된 다른 종류의 옷감은 허용하고 있다. 간음, 간통, 동성애는 금지하지만, 합법적인 결혼은 장려한다. 취하게 하는 음료는 금하고 있지만 신체와 마음에 건전함을 주는 다른 맛있는 음료수는 즐길 수 있다.

6) 금기를 조장하는 것도 금기이다

　금기를 조장하는 것도 그 자체가 금기이다. 예를 들어 이슬람이 혼외정사를 금하고 있기 때문에 유혹적인 옷이나 사적인 만남, 남녀의 자연스러운 어울림, 나체의 묘사, 포르노 문학, 음탕한 노래 등이 역시 금지된다.

7) 거짓되게 금기를 허용으로 나타내는 것도 금지된 것이다

　이슬람은 금기에 관하여 속임수를 부리는 행위를 금지했다. 금기라고 규정한 것을 사물과 핵심이 변하지 않는 한 이름이나 형태의 변화로 인해 피해 가려는 것도 금기로 간주한다. 그러므로 사람들이 고리대금을 다루거나 술을 소비하기 위해서 새로운 말을 고안해 낼 때, 고리대금과 음주를 행하는 죄는 여전히 남아 있다. 예를 들자면 음탕한 춤을 '예술'로, 알코올을 '활기'로, 고리대금을 '이자'로 부르는 현상들을 말한다.

8) 선한 의도는 결과적으로 금기를 만들지 않는다

이슬람에서 일상적인 인생의 문제들은 선한 의도로 경배의 행위와 신에게 헌신하는 형태로 변형된다. 만일 누군가가 목숨을 유지하고 건강할 의도로 음식을 먹는다면 그는 창조주에 대한 그의 의무를 수행하는 것이다. 그래서 먹고, 마시는 모든 행위가 경배의 행위로 하나님에 대한 헌신으로 여겨져야 한다. 이슬람에서는 결과를 수행하기 위해서 금기의 방법들을 사용하는 것이 절대로 허용되지 않는다. 즉, 목적이 고결해야 할 뿐만 아니라 그것을 달성하기 위해 선택한 수단들도 깨끗해야만 한다고 이슬람에서는 강조한다.

만약 누군가가 고리대금, 위조지폐, 도박, 금지된 게임들을 통해 부를 축적하거나, 혹은 모스크를 세우고 자선단체를 설립하고, 다른 좋은 일을 하기 위한 목적으로 금기의 행위를 한다는 것은 용서받지 못하는 금기가 된다.

예언자가 전한 하디스에서는 만일 누군가 금기된 수단으로 재산을 벌어 자선을 베푼다면, 하나님은 그것을 받아들이지 않을 것이다. 만일 그가 자선행위에 쓴다면 거기에는 축복이 없을 것이고, 그가 그 재산을 남겨놓고 죽는다면 그의 위치는 지옥이 될 것이라고 하였다.

9) 의심스러운 것은 피하라

하나님의 인간에 대한 자비는 그들이 적법한 것, 금해야 하는 것에 대해 모르도록 놔주지 않는 것이다. 실제로 하나님은 인간에게 무엇을 허용했고 금기했는지를 명백하게 하였다.

따라서 인간은 합법적인 것을 행할 때 그가 선택할 수 있는 것에서 금지된 것을 피해야 한다.

그러나 명확하게 허용된 것과 금지된 것 사이에는 회색의 영역, 즉 불명확한 영역이 있다. 이러한 문제들에 관하여, 이슬람은 일명 금기 행위를 하지 않기 위해서 의심스러운 것들을 피하는 것을 신앙의 행동으로 여긴다.

10) 금기는 모든 사람들에게 똑같이 금지된 것이다

이슬람법에서 금기는 보편적인 적용성을 가지고 있어서, 어떤 것을 비아랍인들에게 금지하고 아랍인들에게 허용하고, 또한 백인에게 허용하고 흑인에게 금지하지는 않는다.

이슬람에서는 특권계급이나 특권이 있는 개인이 존재하지 않기 때문에, 무슬림들은 다른 이들에게 금기라고 하면서 그들 자신에게는 허용하는 우월적 권리를 인정하지 않는다. 이 모든 것의 결정

은 오직 하나님만이 정할 수 있다. 하나님이 금기한 것은 부활의
날까지 모든 인간들에게 금기시되는 것이다.

11) 필요하다면 예외가 있을 수 있다

이슬람은 금기의 범위를 매우 좁게 적용되도록 하였고, 동시에
매우 엄격하게 관찰하도록 하였다. 금기는 금기로, 허용은 허용으
로 명확하게 설명되지만 필요에 따라 무슬림들에게 강제로 금지된
음식을 먹게 하여 죽음에 처한 자의 생명을 구하도록 하였다. 이렇
게 이슬람은 필요성에 따라 금기된 것도 허용한다.

2. 사적 생활에서의 허용과 금기

1) 음식과 음료

예로부터 인간은 음식과 음료에서 다른 습관을 가지고 있는데,
특히 동물성 식품의 경우는 허용된 것과 금지된 것이 같이 존재한
다. 식물성 식품에 대해서는 아무런 논란의 여지가 없다. 채식에
있어서, 술로 변형이 되지 않는 조건이라면 포도로 만들었거나 대
추, 보리, 기타 어떠한 농작물로 만들어져도 금하지 않았다. 그러나
마비상태나 무기력을 일으키는 음식은 무엇이든 금지해놓았지만,
토속적인 음식도 그것이 좋은 것이라면 모두 허용된다.

(1) 유대교인과 기독교인들에게 금지된 동물들

계시된 성서를 가진 사람들 중에서 하나님은 유대인들에게 다수의 육상과 해상 동물의 식용을 금했다. 이런 사항들은 레위기 11장에 묘사되어 있다. 쿠란에서는 하나님이 유대인들에 이런 것들의 일부를 금했고, 앞서 언급한 것처럼 그들의 죄에 대한 벌을 주는 것에 대해 언급하였다.

"유대교를 믿는 자들에게 나는 발톱을 가진 가축들을 모두 금했다. 소나 양의 등이나 장, 그리고 뼈에 붙어 있는 것을 제외한 지방을 금했다. 이것은 내가 그들의 반항적 행위에 대한 보상이니라. 실로 나는 진실하다." (쿠란 6:146)

이러한 금지는 유대교인들에게 적용되었고, 기독교인들은 인질(복음서)이 내려진 이후에도 예수가 모세의 율법을 폐기하지 못했고 지켜야 한다고 하였기 때문에 그것을 계속 준수하여야만 했다. 그러나 기독교인들은 비록 예수의 계시서 혹은 인질(복음서)에서 폐기되지 않았지만, 토라(모세 5경)에서 금지된 것들을 허용하였다. 기독교인들은 바울의 가르침을 따랐다. 바울은 단지 우상에 바쳐진 동물의 고기를 제외한 모든 음식과 음료를 허용하였다. 따라서 기독교도들은 이날 이후 토라(모세 5경)에 돼지고기가 금하여 있음에도 불구하고 허용하였다.

(2) 이슬람은 건강에 좋은 것만을 허용

쿠란에서 처음으로 금지한 음식은 죽은 동물의 고기이다. 여기서 죽은 동물이란 인간에 의해 사냥되거나 도살되지 않고 자연스

럽게 죽은 동물을 일컫는다. 이렇게 금지한 데에는 분명한 이유
가 있다.

① 죽은 동물의 고기를 먹는 것은 인간의 존엄성에 비추어 모순
   되는 행위이기 때문에, 인간은 도살되지 않은 동물은 먹지 말
   아야 한다.
② 무슬림은 의도하지 않은 것이라면 그것에 대한 노력 없이 혜
   택을 받아서는 안 된다. 도살의 의도된 행위는 식용으로 쓰기
   위해 동물의 목숨을 취하는 것이기에, 죽은 동물의 범주에서
   제외되는 것이다. 하나님은 죽은 동물의 경우처럼 인간이 의
   도하지 않고 먹는 것을 원치 않는다. 동물의 도살과 사냥은
   의도된 노력과 결과가 뒤따른다.
③ 만일 동물이 자연사할 경우 심한 질병이나 만성적 질병으로,
   혹은 독이 든 식물을 먹고 죽을 수 있다. 그래서 그 고기를
   먹는 것은 해로울 수가 있다. 죽음의 원인이 노령이나 기아에
   의할 때도 같다.
④ 죽은 동물의 고기를 인간에게 금지함으로써 하나님이 공동체
   의 구성원인 동물들과 새들에게 식량을 제공해 주었다. 이것
   은 널려 있는 동물의 시체는 새들과 동물들이 탐닉한다는 사
   실에서 알 수 있다.
⑤ 이와 같이 금기시하는 것은 동물의 소유자들이 질병과 영양
   실조에서 동물들을 보호하려는 목적에서이다. 질병의 경우
   빨리 치료를 하거나 아니면 빨리 동물을 도살하는 것이 보다
   좋은 방법일 것이다.

(3) 흐르는 피의 금지

흐르는 피의 금지로 여기에는 두 가지 이유가 있다. 피를 마시는 것은 인간의 존엄성에 대한 반항이며, 건강에 해로움을 줄 수 있기 때문이다. 자힐리아(무지) 시대에는 허기를 느낀 사람이 날카로운 뼈나 도구로 동물의 살을 찔러 피를 모아 마시곤 했다. 이와 같이 살아 있는 동물들의 살을 관통하는 것은 동물에게 상처를 주는 것이고 약하게 하는 것이다. 하나님은 그와 같은 방식을 금하였다.

(4) 돼지의 금지

돼지는 쓰레기 같은 냄새를 풍기고 그것의 고기는 고귀한 맛을 가진 인간의 비위에 맞지 않기에 금지된다. 최근의 의학적 연구에 따르면 특히 더운 지역에서 돼지고기를 먹는 것은 건강에 해롭다는 것이 발표되었다. 그럼에도 불구하고 이슬람 세계 이외의 지역에서는 돼지고기의 선호도가 높게 나타난다.

(5) 하나님 이외에 다른 이에게 봉헌된 것

하나님의 이름이 아닌, 다른 숭배하는 대상의 이름을 언급하면서 도살된 동물들은 금지되는데, 이러한 행위는 하나님 외에 다른 이의 이름이 언급되기에 우상숭배와 같다고 판단하기 때문이다.

실로 하나님은 인간을 창조하여, 그로 하여금 지상의 모든 것을 관장하도록 하였고, 동물들을 복종케 하였고, 도살할 때 하나님의 이름을 언급하는 조건으로써 식량으로 이용할 수 있도록 하였다. 동물 도살 시 하나님의 이름을 언급하는 것은 그 동물의 목숨을 취하는 것이 바로 하나님의 허락을 받는 것이며, 만약 다른 이의 이

름을 거론하면 하나님은 이런 권리를 빼앗고, 이런 고기의 사용은
금해야 한다.

(6) 해상식품과 메뚜기류는 허용

이슬람의 샤리아에서는 생선, 고래 그리고 다른 해상생물들을
죽은 동물의 범주에서 제외하였다. 예언자가 바다에 관한 질문을
받자, 그가 '바닷물은 순수하고, 거기의 죽은 동물은 허용한다'라
고 말했다. 또한 같은 징표로서 메뚜기류도 죽은 동물의 범주에서
제외된다.

(7) 죽은 가축의 가죽, 뼈, 털의 이용은 허용

죽은 동물의 금지는 고기에만 한정되었으며, 가죽이나 뼈 그리
고 털의 이용은 허용되었다.

예언자는 죽은 동물의 가죽을 무두질하는 것이 정화의 방법이기
에 허용된다고 판단하였다.

(8) 의학적 필요에 의한 것은 허용

일부 금지된 음식의 실체를 약으로 사용되는 것에 대해 법학자
들의 견해는 다양하다. 일부 학자들은 하디스를 인용하면서 금지
된 음식으로 간주하여 금하는 반면, 일부 학자들은 지지하고 있기
도 하다.

그러나 일부 금지된 성분의 약을 복용하는 것도 다음과 같은 조
건을 갖추어야 한다.

- 만일 이 약을 복용치 않으면 환자의 생명이 위태롭게 될 경우

- 이용할 만한 허용 성분의 대체약품이 없을 때
- 그 약이 신을 경외하는 무슬림 의사에 의해 처방되었을 때

(9) 취하는 것의 금지

아랍어로 카므르(khamr)는 취하게 하는 알코올성 음료를 말한다. 술은 인간의 정신과 육체 그리고 신앙과 생활을 해친다. 가장으로서 아내와 자식에 대한 책임을 수행하지 못해 가족에 대한 의무를 등한시하여 나타난 재난 혹은 정신적·물질적 그리고 도덕적 죄악이 사회와 국가에 확산되는 것은 알코올 소비의 확대로 인한 것임이 명백하다.

사회에 스며드는 이러한 악을 제거하기 위해 하나님은 교육과 훈련과정을 통해 단계별로 신중하게 금지하는 방법을 채택했다. 우선, 하나님은 술을 마시는 것의 해악이 이익보다 크다는 것을 그들에게 명확하게 했다. 그다음에 술에 취해 있을 때는 예배를 근행하러 오지 말도록 했고, 마지막으로 알-마이다 장에서 전체적이고 명확하게 금지하는 계시를 내렸다.

"믿는 자들이여! 술, 도박, 화살로 점치기 등은 사탄이 행하는 가증스러운 행위이다. 너희가 번영하기 위해서는 그것을 멀리해라. 확실하게도 사탄은 술과 도박으로 너희 사이에 적의와 미워하는 감정을 심어 하나님을 염원하는 것과 예배로부터 너희를 방해하고 있다. 그러니 너희는 그것을 그만둘 수 있겠는가." (쿠란 5:90−91)

이 두 개의 구절에서 하나님은 술과 도박을 우상과 화살로 신의를 나타내는 미신에 결부시켜 엄하게 금지시켰다.

기독교계에서 성직자들은 약간 다른 의견을 가지고 있다. 그들의 일부는 술이 소화에 좋기 때문에 성서의 내용에서 약간의 음주를 허락한다고 주장하지만 이슬람에서는 만일 소량의 술이 소화에 도움이 된다고 해도 금지되어야 한다고 주장하고 있다.

게다가 알코올성 음료의 수입과 수출도 금지하였으며, 그것을 소유하거나 파는 장소에서 일하는 것도 금지하였다.

(10) 마약

마약류들, 가령 마리화나, 코카인, 아편 등은 분명히 사람들의 지각신경에 영향을 끼쳐 가까운 것이 멀게, 먼 것이 가깝게, 상상의 세계가 현실로 보이도록, 현실의 세계가 사라지도록 하는 작용을 하여 결국 이런 정신적 현상은 육체적으로 영향을 끼친다. 이는 무기력과 신경의 마비를 일으키고 건강을 쇠퇴시키며 무기력하게 만들 뿐 아니라, 품행을 타락시키고 의지능력을 파괴하며 의무를 소홀히 하게끔 하는 등 이를 상용하는 자들은 사회의 병적인 존재가 된다. 게다가 가정파괴와 범죄까지도 부를 수 있다. 무슬림 법학자들은 만장일치로 이런 종류의 약에 대해 금기로 규정하고 있다.

2) 옷과 장식

이슬람은 무슬림들에게 단순히 허락하는 차원을 넘어 항상 변함없이 외모를 고상하고 아름답게 지닐 것을 적극적으로 권장한다. 그래서 의복에서도 하나님께서 창조한 것이라면 무엇이든지 즐거이 받아 누리도록 했다. 인간이 옷을 입는 목적은 첫째, 신체를 가리기 위함이고, 둘째는 외모를 아름답게 하기 위함이기에 알라는 의상과 장식품을 주어 인류에게 그의 선물 중 하나로 여기게 했다. 쿠란에는 다음과 같이 언급하고 있다.

"아담의 자손들이여, 너희들에게 의상을 주었으니 너희의 부끄러운 곳을 감추고 아름답게 꾸며라. 그러나 하나님을 공경하는 의상이 제일이니라. 그것이 곧 하나님의 증표이거늘 그들은 기억하리라." (쿠란 7:26)

(1) 청결은 이슬람의 특징이다

장식과 멋진 외양에 몰두하기 전에 우선 청결을 강조했는데, 예언자 무함마드는 청결에 대해 다음과 같이 언급하였다. "너희 몸을 깨끗이 할지니 이슬람은 깨끗한 종교이기 때문이니라." 신체와 의복과 예배장소가 깨끗하지 않다면 그 무슬림이 근행하는 예배는 받아들여지지 않는다.

(2) 금과 천연 실크는 남성에게 금기이다

이슬람은 남성에게 금붙이와 비단을 금하도록 하였으나, 여자에게는 허락되었다. 무슬림 남성에게 금장식품과 비단을 금하는 것은 이슬람의 목표 실현을 위해서인데, 그 목표는 교육과 도덕적인 사회 구현에 있다. 사치를 추방하기 위한 이슬람의 목표달성인데 사치란 품행을 타락시키며 국가의 품위를 저하시키기 때문이다.

3) 가정

　가정이란 인간의 안식처이며 자연의 폭력으로부터 인간을 보호해 주는 곳이다. 가정에서 인간은 사회의 제약에서 풀려 나와 호젓하게 자유를 맛볼 수 있으며, 그의 몸은 긴장을 풀고 영혼은 휴식을 취하게 된다.

　예언자는 신도들에게 항상 집을 깨끗이 관리하여, 청결의 종교인 이슬람의 진정한 이미지를 반영하도록 권장했다. 청결은 무슬림을 다른 종교인들과 구별 짓게 하는 하나의 특성인바, 신(神)들이 더러움을 좋아한다고 믿는 다신교가 있기도 하다. 예언자가 이르길 '하나님은 착하시니 그는 착한 것을 좋아하심이라. 하나님께서는 깨끗하시니 깨끗함을 좋아하심이라. 하나님께서는 너그러우시니 너그러운 자를 좋아하심이라. 하나님께서는 훌륭하시니 훌륭함을 좋아하심이라. 그런즉, 너희가 사는 곳을 깨끗이 하라'고 하셨다.

(1) 우상숭배를 금하는 이슬람

　이슬람에서 조상(彫像)을 금지한 이유는 인간이란 자기가 몹시 좋아하는 사람이나 성인들의 상을 만들고는 시간이 흐름에 따라 이를 신성화하여 마침내는 이를 우상으로 숭배하게 될 가능성을 갖고 있기 때문이다. 그렇게까지는 안 될지라도 조상을 만든다는 것은 사치의 한 요소인 것이다. 혹성, 나무, 바다, 배, 산, 태양, 달, 별에 관한 평범한 그림, 그리고 초목이나 무생물의 그림 같은 것에 관해서는 이를 사진 찍거나 그리는 행위 혹은 이를 소유하는 행위에도 아무런 죄가 없다. 또한 이슬람교는 아무런 목적도 필요도 없이 개를 집 안에다 두는 것을 금해 놓았다. 사냥개와 집 지키는 개는 허락되어 있다.

3. 결혼과 가정생활에서의 허용과 금기

1) 결혼

이슬람에서 결혼이란 확고한 결합이며 굳센 계약으로서, 쿠란에서 말하는 평화, 우호, 자비 그리고 번영을, 그 정신적 결실로서 실현하기 위하여 서로의 마음속에서 영원히 맺어지고 싶어 하는 희망이 그 근간을 이루는 것이다.

무슬림은 결혼능력이 있는 이상 어떠한 이유에서도 결혼을 기피할 수 없으니 설사 하나님을 경배하는 일에 자신을 송두리째 바치고 싶다는 구실하에서도 결혼을 회피할 수는 없다. 예언자 무함마드는 젊은이들에게 충고하여 이르되, '너희 젊은이들아, 혼인지참금이 있는 자는 누구나 결혼을 해야 하나니 결혼은 너희들을 성숙케 하고 너희들의 생식기를 보다 잘 보호하기 때문이니라'라고 하였다.

무슬림은 마음먹은 여자와 결혼하기 전에 미리 대면하여 실수라든가 문제점을 사전에 방지해야 한다. 무슬림은 이혼했거나 과부가 되어서 아직 법적 규제기간에 있는 여자에게 청혼해서는 안 된다. 또한 형이 이미 청혼한 여자와도 혼인할 수 없는데, 그 이유는 형제간의 우애와 사랑을 유지하기 위하여 우선적으로 청혼한 자에게 권리가 부여되는 까닭이다. 그러나 먼저 청혼했던 자가 이를 철회했을 경우에는 해도 좋다.

청혼의 수락 여부는 일차적으로 여자에게 달려 있다. 여자의 아버지나 후견인은 당사자의 의지를 무시할 수 없으며 당사자의 만족을 고려하지 않으면 안 된다. 결혼에 대한 결정권은 딸에게 있으며, 부모나 보호자는 딸이 싫어하는 결혼은 승낙하지 않는다. 이미 결혼한 여성에게는 배우자 결정에 있어서 부모보다 더 큰 비중을 차지하고, 결혼하지 않은 여성에게는 반드시 상대에 대한 의사를 물어봐야 한다.

(1) 결혼이 금지되는 여성

다음에 열거하는 여자들과의 결혼은 엄금되어 있다.

① 아버지의 과부(과부가 된 계모)

이혼한 아버지의 부인이거나 아버지가 돌아가셔서 과부가 된 아버지의 부인. 자힐리야 시대에는 위와 같은 결혼이 허락되었다. 하지만 한 여자가 남자의 어머니의 신분을 가지기 위해 그 남자의 아버지와 결혼하기도 하여 이슬람은 그러한 결혼을 금했고 이러한 결혼금지령은 아버지에 대한 존중과 존경에서 비롯되었다. 아들과 그의 의붓어머니 사이에 성적 매력을 느끼는 것을 금지함으로써 존중과 존경하는 관계로 발전할 수 있다.

② 어머니 또는 할머니

③ 딸 또는 손녀

④ 여자형제

⑤ 아버지의 여자형제(고모)

⑥ 어머니의 여자형제(이모)

⑦ 남자형제의 딸들(질녀)

⑧ 여자형제의 딸들

⑨ 무슬림은 어린 시절 그를 양육해 준 양어머니와의 결혼은 금
   지되어 있다.

⑩ 수양자매는 양어머니와 비슷하므로 그들과는 결혼할 수 없다.

⑪ 아내의 어머니인 장모와의 결혼은 철저히 금지되어 있다. 남
   자에게 장모란 어머니와 같은 존재가 된다.

⑫ 만약 아내의 전남편 소생의 딸의 어머니와 관계를 맺었다면,
   그 의붓딸과의 결혼을 금한다. 그러나 만약 그 남자가 그 부
   인과 성적인 관계없이 자신의 부인과 이혼했다면 그가 그녀
   의 딸과 결혼하는 것이 허용된다.

⑬ 며느리와의 결혼을 금한다. 이슬람교에서는 양자제도를 폐지
   했기에 며느리는 양자가 아닌 친자식의 아내를 말한다.

⑭ 자힐리야 시대와는 달리, 이슬람에서는 한꺼번에 두 자매와
   결혼하는 것은 금지되었다. 왜냐하면 두 자매간의 우애와 사
   랑이 같이 한 남자의 부인이 됨으로써 깨지기 쉽기 때문이다.

⑮ 아직도 결혼관계에 있는 기혼여성. 그러나 다음의 두 조건하
   에서만 결혼했던 여자는 새로운 남편의 아내가 될 수 있다.
   (a) 이혼이나 남편의 죽음으로 결혼관계가 취소된 경우
   (b) 쿠란이 명하는 바에 따라, 전남편에 대한 애도를 표시하

는 태도로서 근신기간을 완전히 끝낸 여자. 이 근신기간은 임신한 여자의 경우 해산 때까지이며 과부에게는 기다려야 하는 기간은 4개월 10일이다. 이러한 기간을 '잇다('iddaah)'라고 하며, 결혼 전에 어길 수 없는 중요한 기간이기에 무슬림 남성이 이혼녀나 과부에게 이때 청혼을 하는 것은 금기이다.

⑯ 무슬림은 알라 이외의 우상을 숭배하는 이단자인 여성과 결혼할 수 없다. 쿠란은 기독교인이나 유대교인들의 종교가 빗나가고 변질되긴 했지만 그들이 알라의 백성이었다는 사실을 특별히 감안하여 무슬림 남성과 기독교도나 유대교 여성과의 결혼을 허락했다. 그렇지만 무슬림 여성은 그가 유대교도들이나 기독교도이건 아니건 상관없이 비무슬림 남성과 결혼하는 것은 금기이다.

(2) 이슬람에서 금지된 사항인 지나(zina, 간음)

낯모르는 여자와의 은둔생활, 색정적으로 상대방을 바라보는 것은 금기이다. 즉, 색정적으로 신체의 특정한 부분을 보는 것인데, 남자 몸에서 특정부분은 배꼽과 두 무릎 사이에 있는 것을 의미하며 여자에게 있어서는 여자가 화장한 얼굴을 타인에게 드러내 보이지 않는 상태에서 얼굴과 손을 제외한 신체의 모든 부분이 섹스의 대상이 되는 것이다. 또한 이슬람교는 동성애도 금지해 놓았다.

모든 종교가 간음과 간통(지나)을 금지해왔고 사회에 대항한 이러한 범죄와 싸워 왔다는 것은 놀라운 일이 아니다. 신성하게 나타나 종교의 마지막인 이슬람은 지나를 금지하는 데 매우 엄격하다.

"간통하지 말라. 실로 그것은 부끄럽고 죄악으로 가는 길이라." (쿠란 17:32)

우리가 알고 있듯이 이슬람이 무엇인가를 금지할 때, 그것으로의 모든 접근 통로를 막아 버린다. 이는 금기로 이끄는 모든 단계와 수단을 금지하는 것에 의해 이루어졌다. 따라서 어떠한 흥분이라도 남녀 간에 불법적인 성관계의 방법을 열어놓는 것과 외설과 음담패설을 하는 것은 무엇이든지 간에 금기이다.

(3) 낙태의 금지

비록 이슬람이 정당한 사유에 의해 임신을 회피하는 것을 인정했다 하더라도, 일단 발생된 임신에 대해서 어떠한 불경스러운 행위를 하는 것은 허락하지 않았다.

무슬림 법학자들은 태아가 완전히 형성이 되고 영혼이 주어진 후에 낙태를 하는 것은 금기로 만장일치하에 동의했다. 이것은 또한 범죄이며, 이를 행하는 것이 무슬림에게는 금지되었는데, 그 이유는 이것이 완전하게 살아 있는 인간에 대한 범죄이기 때문이다. 법학자들은 만일 아기가 산 채로 유산이 되어 사망했을 경우에는 살인 사례금(blood money; diya)을 지불하는 것이 의무이며, 만일 죽은 채로 유산되었을 때에는 더 적은 벌금을 내야 한다고 주장한다.

그러나 한 가지 예외적인 상황이 있다. 법학자들이 말하기를, 만일 아기가 완전히 형성된 후더라도, 임신을 계속하는 것이 아기 엄마의 사망을 필연적으로 초래하는 것이 확실하다면, 그때에는 샤리아의 일반적인 원칙에 의해서 낙태가 실행된다.

왜냐하면 어머니는 태아의 근원이다. 더욱이 그녀는 의무와 책임을 가지고서 생명을 확실히 영유하고 있으며, 또한 가정의 기둥이다. 아직 인격도 가지지 않고 수행해야 할 책임과 의무도 가지고 있지 않은 태아를 위해서 그녀의 생명을 희생하는 것은 가능하지 아니하다.

2) 이혼

결혼은, 앞서 서술한 바와 같이, 하나님이 남자와 여자를 엮어주는 강한 유대이다. 결혼은 사람들을 짝으로 만들어 주며, 그리하여 어느 한쪽의 슬픔과 기쁨은 다른 한쪽의 슬픔과 기쁨이 된다. 쿠란은 이러한 유대를 아름답고도 생생한 언어로 묘사하고 있다.

"그녀들은 너희들을 위한 의상이요, 너희들은 그녀들을 위한 의상이니라." (쿠란 2:187)

이것은 서로를 보호하고, 감싸주며 상대방에게 광채를 더하게 한다는 것을 의미한다. 두 배우자는 각각으로 인식되어야만 하고 축소되어서는 안 되는 상대방에 대한 권리를 가지고 있다. 이들 상호적인 권리는 남성의 자연적인 위치에 의해 남성에게 특별한 관계인 경우를 제외하고는 동등한데, 쿠란에 다음과 같이 언급돼 있다.

"또한 여성과 남성이 똑같은 권리가 있으나 남성이 여성보다 위에 있나니 하나님은 만사형통하심이라."(2:228)

결혼이란 하나님께서 남자를 여자와 맺어 주신 굳센 결합이다. 결혼한 부부는 고통과 희망의 양 극단을 기꺼이 받아들여야 한다. 결혼에 실패했을 때 부부가 이혼하지 않고는 달리 해결의 도리가 있을 수 없다.

그러므로 이슬람교는, 부부가 함께 평화로이 사는 것이 불가능해졌을 때를 감안하여 이혼을 최후수단으로서 허락했던 것이다.

(1) 이혼이 허락될 때

만일 이러한 모든 노력이 수포로 돌아가고, 노력한 모든 과정들이 아무 소용이 없다는 것이 판명되면, 남편은 이슬람의 샤리아에 의해서 허락된 마지막 해결책에 호소하게 된다. 삶의 쓴 현실에 응하여, 명예로운 방법으로 두 당사자 간의 결별을 제외하고는 어려움이 해결되지 않을 때, 이슬람은 이혼에 관한 조항을 만들어 놓았다. 이슬람은 마지못해 이혼을 허락해 왔는데, 이를 선호하거나 권하는 것은 아니다. 예언자가 말하기를, '합법적인 것들 중에서, 이혼이 알라가 가장 싫어하시는 일이다.' 알라가 싫어하시는 합법적인 것이라는 건 그것이 어쩔 수 없는 상황에서, 함께 사는 것이 고문이 되고, 서로 간의 증오가 깊게 뿌리 박혀 있을 때, 그래서 두 당사자에게 알라의 한도를 지키는 것이나 그들의 혼인의 책임을 다하는 것이 어려울 때라는 것을 의미한다. 그런 상황에서 갈라서는 것이 더 나을 때, 그리고 하나님이 다음과 같이 말씀하셨다.

"만일 그들이 이혼한다 하더라도 하나님은 그분의 은혜로 그들 각자에게 보상하시니…."(쿠란 4:130)

(2) 반복된 이혼

무슬림에게는 세 번의 기회가 허락되는데, 말하자면 세 번의 다른 경우에서 이혼을 세 번 공언하거나 실행할 수 있는 기회가 주어지는 데, 이는 만일 각각의 이혼이 아내가 청결한 기간 중이고 그가 그의 아내와 성적인 관계를 가지지 않았을 경우일 때 허용된다.

남편은 한 번 그의 아내와 이혼할 수 있고, 잇다('iddah)를 거치게 된다. '잇다' 기간 동안에 그 둘은 재혼의 요구 없이 화해를 할 수 있는 기회를 가지게 된다. 그러나 만일 화해 없이 이 대기기간이 끝나 버렸다면, 그들은 이제 완전히 이혼을 한 것이다. 그들 각각은 다른 사람과 얼마든지 결혼할 수 있거나 서로 재혼을 할 수도 있다. 만일 그들이 서로 재혼을 하기를 원한다면, 새로운 결혼 계약이 요구된다.

만일 첫 번째 이혼 후에 남편이 그의 아내와 화해를 했지만 후에 다시 전체적으로 적대감과 불화가 시작되고, 화해와 조정을 위한 모든 노력이 수포로 돌아간다면, 그는 위에 상술한 방법과 똑같은 방법으로 그의 아내와 이혼을 할 수 있다. 또한 이러한 경우에, 그는 재혼하지 않고, 잇다 기간 중이나 새로운 결혼계약을 통해 잇다가 만료된 후에 그의 아내에게로 돌아갈 수 있다.

그러나 두 번째 이혼 후에 그가 그의 아내와 다시 화해를 한다고 할지라도, 그는 후에 세 번째로 다시 그 아내와 이혼할 수 있다. 그러면 이것은 그들 둘 사이의 적대감이 매우 뿌리가 깊고 서로 함께 살 수 없다는 명확하게 보여 주는 것이 된다. 만일 이러한 세 번째 이혼이 발생한다면, 남편은 그녀의 잇다 동안에 그의 아내에게 돌아갈 수도 없고, 만일 그녀가 영구적이고 진실된 아내로서 살기 위해 다른 남자와 결혼을 하지 않는다면 잇다 후에도 그녀와 재혼하는 것이 용납되지 않는다. 결과적으로 그녀는 그와 이혼하는 것이다. 그러나 전체적으로 단순히 그녀의 첫 번째 남편을 위해 그녀를 할랄로 만들기 위해서 다른 남자가 그녀와 결혼했다가 이혼하는 것은 금지되어 있다.

동시에 혹은 한 번의 진술에서 세 번의 이혼을 이야기한 무슬림들은 하나님의 법에 반하는 것이며 이슬람의 바른 길에서 벗어나는 것이다.

참고문헌

손주영, 『이슬람 교리, 사상, 역사』, 일조각, 2005
손주영, 『이슬람 칼리파제사』, 민음사, 1997
이희수 외, 『이슬람』, 청아출판사, 2001

이스라엘의 금기와 에티켓

신성윤*

1. 서론

동 지중해 연변에는 이야깃거리가 많고 흥미로운 작은 한 국가가 위치한다. 이스라엘이라 불리는 나라이다. 이스라엘은 본래 한 개인의 이름이었다. 그는 지금부터 약 3천 700~800년 전에 중동지역을 살았던 한 유목민이었다. 그의 일생은 무척 흥미진진하다. 아브라함의 손자였던 그는 가나안에서 태어났지만 청년 시절은 메소포타미아 지역에서 보냈다. 강산이 두 번 변하는 세월 동안 양 치는 목동으로 일하면서 그 지역에 살았다. 이스라엘은 그곳에서 결혼을 하고 가정을 이루며 부를 쌓아 갔다. 거부가 된 이스라엘은 이후 자신이 태어난 가나안 땅으로 돌아온다. 오랜 기간 가나안 땅에 거주했던 이스라엘은 나중에 이집트 땅으로 이주하여 그곳에서 노년의 세월을 살다가 일생을 마감하게 된다. 고대 근동의 메소포타미아 문명과 이집트 문명이 충돌하고 교류하던 중간 완충 지역에서 태어나 성장했고 어른이 되어서는 메소포타미아와 이집트 두

* 부산외국어대학교 지중해지역원 HK연구교수 히브리대 구약학전공.

거대 문명 지역을 오가며 살았던 당대의 세계인이 바로 이스라엘이었다. 그러나 그의 본명은 야곱이었다. 야곱은 '발꿈치를 잡다'라는 히브리어 동사 야아코브(יעקב)에서 유래된다. 야아코브는 우리 식으로 표현하자면 '뒤통수를 치다'라는 뜻이다. 야곱은 사기꾼이라는 의미로 해석될 수 있는 부정적 뉘앙스의 이름이었다. 그런데 이 야곱이 어느 날 이스라엘이라는 새로운 이름을 얻게 된다. 이 이름 역시 히브리어 동사에서 기원한다. 이스라엘(ישראל)은 '하나님과 겨룬다'는 의미이다. 야곱이라는 이름이 가지는 부정적인 인상을 고려하면 이스라엘이라는 이름은 전혀 다른 뉘앙스를 가진다. 야곱이 이스라엘로 불리게 되는 사건을 묘사하고 있는 구약성서 창세기 32장은 야곱이 하나님과 겨루어 이기고 또 사람과도 겨루어 이겼기 때문에 이 이름으로 불리게 되었다고 설명한다. 몰래 상대방의 뒤통수를 치는 간교한 야곱과 하나님과 그리고 인간과 겨루어 이겨내는 늠름한 이스라엘의 모습은 사뭇 대조적이다. 야

곱의 후손들, 곧 이스라엘 사람들의 민족적 성품과 특성은 이 두 이름을 통하여 잘 드러나는 듯하다. 이스라엘 민족의 역사적 운명 또한 야곱의 삶의 여정을 통하여 미리 계시되는 듯한 인상을 남긴다. 가나안에서 메소포타미아로, 그리고 이집트로, 당대의 온 세계를 이동하면서 살았던 야곱의 일생처럼 이스라엘 민족의 지난 역사는 온 세상을 유랑하는 거칠고 험한 고난의 여정이었다. 이집트를 벗어나 가나안 땅으로 진주해 들어온 이스라엘 민족이 첫 왕국을 세운 것은 약 3천 년 전의 일이었다. 그들이 도읍했던 예루살렘이 3천 년의 역사를 지닌 유대민족의 수도가 된 것이 이때로부터 기인한다. 그러나 이스라엘 민족이 세운 첫 왕국은 겨우 백 년을 넘기고 둘로 나누어지고 만다. 열 지파로 구성된 북쪽은 이스라엘 왕국(ממלכת ישראל)이라 불렸고 두 지파로 세워진 남쪽은 유다 왕국(ממלכת יהודה)으로 불렸다. 북이스라엘은 오래가지 못했다. 기원전 722년에 아시리아 제국에 의하여 나라가 멸망한다. 아시리아 제국의 정책에 의하여 북이스라엘 백성들은 제국 곳곳으로 흩어져 간다. 피정복민들을 이리저리 분산시키고 뒤섞어 놓음으로써 세력을 약화시키고 독립을 위한 반란을 막으려는 의도였다. 북이스라엘 지역에는 다른 피정복민들이 들어와 살게 되는데 이들은 나중에 유대인들이 상종하기를 거부했던 사마리아 사람들이 된다. 남유다 왕국도 오래 지속되지는 못했다. 아시리아 제국을 누르고 새로이 일어난 바벨론 제국에 의하여 기원전 586년에 멸망하게 된다. 유다 백성 상당수가 바벨론 땅으로 유배되는데 이때 끌려간 남유다 왕국의 이스라엘 사람들은 그곳에서 아람어로 예후다예(יהודיא), 곧 유대인으로 불리기 시작하게 된다. 남유다 왕국에서 끌려온 사람들을 부르는 호칭이었다. 이스라엘 후손들을 '유대인' 또는 '유대 민족'이라고 부르는 전통은 여기에서 시작된 것으로 본다.

유대민족의 문화는 그 발생의 배경에서부터 차별성을 가진다. 이집트 문명과 메소포타미아 문명이 고대 근동 지역에서 풍요의 상징과 실제였던 강을 배경으로 발생했던 것에 반하여 고대 이스라엘 문화는 메마른 산들과 거친 광야에서 탄생했다. 후대에 나타난 이스라엘 민족의 끈질긴 생명력은 메마른 광야에서 시작된 이들의 역사와 문화에 기인하는 것인지도 모른다. 고대 근동 세계를 제패했던 강대국들과 그 문명이 역사의 지평 너머로 사라져가고 잊혀져 갔지만 그 틈바구니에서 치이며 성장한 유대문화는 오히려 꿋꿋이 살아남아 현대 서구문명을 떠받치는 한 기둥이 된다.

오늘의 상황에서 유대인과 이스라엘 사람에 대한 정의는 그리 단순하지 않다. 이스라엘 사람이 바로 유대인이라는 등식이 항상 성립하지는 않는다. 유대인이 주로 민족적이고 종교적인 개념을 내포하는 반면에 이스라엘 사람은 정치적이고 사회적인 정체성을 의미하게 되었다. 현재의 이스라엘 국가를 구성하는 모든 시민들이 다 유대인은 아니다. 전체 인구 중 약 75%만이 유대인이고 나머지는 비유대계이다. 이스라엘 사람이지만 유대인이 아닌 경우가 있다는 이야기다. 대표적으로 아랍계 이스라엘 시민들이 이에 속한다. 동시에 유대인이지만 이스라엘 시민이 아닌 사람들도 많이 있다. 예후데 골라(יהודי גולה), 즉 디아스포라 유대인들로 불리는 사람들이다. 이스라엘 바깥 전 세계에 흩어져 살아가고 있는 유대인들이다. 가장 많이 모여 있는 곳은 미국이다. 이스라엘에 사는 유대인들보다 미국에 사는 디아스포라 유대인들의 수가 더 많은 것으로 알려진다. 누가 이스라엘 사람인가, 곧 누가 이스라엘 시민권을 가진 자인가는 분명하게 구분되지만 누가 유대인인가라는 질문은 엄격한 의미에서 답이 없다. 인종적으로 또는 혈통적으로 유대인을 정의하는 것은 이미 불가능해졌다. 유대인들을 크게 아슈케나짐(독일계 유대인들)과 스파라딤(스페인계 유대인들)으로 대분하지만 자세히 들여다보면 상황은 훨씬 복잡하다. 중국계 유대인들은 우리와 외모가 흡사하고 에티오피아 유대인들은 흑인 계열이다. 유대인을 종교적으로 정의해도 문제가 생긴다. 이스라엘에 사는 유대인들 가운데 적어도 3분지 2가 유대인이 아니게 된다. 이스라엘 후손들이지만 유대교를 신봉하지 않기 때문이다. 고대가 아닌 현재의 유대교 할라카(율법)에 따르면 유대인 엄마에게서 태어난 모든 자녀는 유대인으로 규정된다. 오늘날 유대인에 대한 정의는 보통 문화적인 개념으로 이해된다.

본고에서 다루는 이스라엘의 금기와 에티켓은 이스라엘 및 디아스포라 유대인들의 삶과 관련된 부분들이 되겠다.

2. 이스라엘의 금기

유대교를 자신들의 민족 신앙으로 삼는 이스라엘 사람들에게 금기의 개념은 오래전부터 존재해 왔다. 유대민족에게 금기는 신앙적으로 지켜야 하는 율법을 구성하는 주된 요소였다. 금기에 해당하는 가장 보편적인 히브리어 용어는 이수르(איסור)로서 어원적인 의미는 '묶다'라는 뜻이다. 특정한 일들은 하지 못하도록 사람을

구속한다는 의미이다. 유대 율법 종교는 일상의 삶 가운데 해야 할 것과 하지 말아야 할 것을 구체적으로 규정하고 그것을 지켜 행하는 삶을 추구한다. 유대교에서 규정하는 율벌조항은 흔히 613가지로 알려진다. 이것은 다시 248가지와 365가지로 나누어진다. 248가지 조항은 유대인으로 날마다 지켜 행해야 할 사항들이고 365가지 조항은 유대인이 하지 말아야 할 사항들이다. 곧 이 365가지의 조항이 유대인들에게 있어서 공식적인 금기가 되는 것이다. 지켜 행해야 할 내용보다 하지 말아야 할 내용이 더 많은 셈이다. 이것은 간접적으로 유대교의 성격을 반영한다. 기본적으로 허용되는 긍정적인 행위보다는 금지가 되는 부정적인 행위들에 더 유의해야 하는 삶의 모습을 보인다. 금기 조항의 수인 365도 나름대로의 의미를 가지는 듯이 보인다. 1년 365일 매일매일 조심하면서 피해야 할

율법규정들임을 암시하는 듯하다. 유대교 미슈네 토라 율법에서 말하는 금기 조항 일부를 살펴보면 다음과 같다.

금지명령 1
"금지의 명령들 가운데 첫째 명령은 이것이니 네게 다른 신을 두지 말라 (출애굽기 20:3, 신명기 5:6)고 기록되었으므로 여호와 외에 다른 신이 있다는 생각을 하지 말라."

금기는 모든 문화에 보편적으로 존재하며 그 양상은 다양하다. 유대 문화의 금기에서 가장 독특한 부분은 바로 여기에서 엿보인다. 그것은 '행위의 금기'가 아니라 '사고의 금기'를 다루는 부분이다. 그것도 금기사항 중에서 가장 우선적인 금기가 눈에 보이지 않는 생각에 관한 부분이라는 점이다. 이것이 시사하는 바는 의미심장하다. 보통 유대교는 가장 대표적인 율법종교로 알려진다. 그리고 그 율법은 궁극적으로 내적인 믿음보다 외적인 행위에 관한 것이다. 그런데 정작 유대교의 최대의 금기는 행위에 관한 것이 아닌 사고에 관한 부분으로 나타난다. 이것은 이 금기 조항이 다루는 주제와 연관을 가진다. 그것은 다름 아닌 유대인들이 신앙하는 대상에 관한 부분이다. 이 금기사항은 유대인들의 경전 구약성서의 두 번째 책 출애굽기 20장 3절에 근거한다. "너는 나 외에는 다른 신들을 네게 있게 말지니라." 이 구절은 유대교 십계명을 제시하는 본문에 속하고 이 구절은 그 첫 계명에 해당한다. 유대교의 십계명은 하나님에 관한 네 가지 계명과 인간에 관한 여섯 가지 계명으로 구성된다. 하나님에 관한 네 가지 계명은 세 가지의 부정 명령과

한 가지의 긍정 명령으로 구성된다. 곧 앞의 세 가지는 유대교의 금기가 되는 사항들인데 그 첫 번째가 지금 언급하는 조항이다. 이스라엘의 하나님 외에 다른 신을 두지 말라는 명령이 구체적으로 어겨지는 상황을 유대교에서는 '우상숭배'로 표현한다. 우상숭배가 유대교에서 가장 금기시되는 것은 유대교의 핵심이 한 존재의 하나님을 경배하는 유일신 신앙이기 때문이다. 우상숭배는 유일신 신앙을 근본적으로 부인하는 행위이다. 가장 보편적인 우상숭배 형태는 태양과 달 그리고 별들에게 절하는 행위이다. 그런데 365가지 금기조항 가운데 첫 번째는 그런 구체적인 우상숭배 행위 이전에 다른 신이 있다고 생각하는 그 자체를 금한다. 인간의 행위가 그 사고에 기인하기 때문에 우상숭배 행위를 차단하려면 그 사고를 차단해야 한다는 이해에 근거한 금기로 보인다. 다른 문화에서 발견되는 금기 가운데 이런 식의 사고나 생각을 제한하는 금기는 없는 것으로 보인다.

금지명령 15
"네 입에서 들리지 말게 하라(출애굽기 23:13) 하였으니 이스라엘 자손으로 우상숭배하도록 개종시키려 하지 말라. 이것은 개종시키려는 사람에게 대한 경고이다."

유대인의 삶에서 가장 큰 행사가 있다면 그중 하나는 결혼식이다. 유대인들의 결혼식은 여러모로 흥미롭다. 유대인들의 결혼 예식은 주로 화요일 저녁에 거행된다. 유대인들이 화요일 저녁을 선호하는 이유가 있다. 하나님의 천지창조가 6일 만에 이루어지는데 세 번째 날의 창조 묘사에 "하나님이 보시기에 좋았다"는 표현이 한 번이 아닌 두 번 나타난다. 그래서 이 세 번째 날이 유대인들에게는 길일이 된다. 바로 화요일이다. 이 결혼 예식에 빠지지 않는 의식이 하나 있다. 그것은 신부에게 결혼반지를 끼어 준 직후나 결혼식 마지막에 신랑이 오른발로 작은 컵을 밟아 깨는 행위이다. 이것이 상징하는 바는 결혼식이라는 인생 최고의 기쁨 중에서도 자신들의 민족 역사에서 성전이 파괴되었던 것을 잊지 말자는 것이다. 유대민족의 역사에서 두 번의 성전 파괴는 두 번의 유배를 의미했다. 첫 번째 성전 파괴 후 이스라엘 백성은 바벨론으로 70년간 끌려갔었고 두 번째 성전 파괴 후에는 2천 년간 나라 없이 고난 가운데 온 세상을 유랑했어야만 했었다. 그 성전 파괴가 다름 아닌 우상숭배의 죄 때문이었다고 유대인들은 믿는다. 유대인들에게 여호와 하나님이 아닌 다른 신을 믿도록 권하는 것은 금기이다. 공교롭게도 이 금기사항은 기독교인들의 선교 문제와도 엮인다. 예수 그리스도가 유대민족이 기다렸던 메시아임을 믿었던 초대 기독교인들은 유대인들이었다. 예수가 유대인이었고 그의 제자들이 유대인들이었다. 초대 교회가 예수를 믿는 유대인들의 교회였고 이방인들에게 기독교 복음을 전파한 이들이 유대 그리스도인들이었다. 그러나 예수를 메시아로 받아들일 수 없었던 다수의 유대인들에게 예수를 하나님의 아들로 믿는 문제는 유대인들이 유일하게 신앙해야 하는 여호와 하나님을 떠나 우상을 숭배하는 차원으로 이해되었다. 즉, 유대인들에게 예수를 믿는 것은 단순히 새로운 신앙을 시도하는 차원이 아니라 유대교에서 가장 금기시하는 계명을 어기는 것이었다. 이것은 지금도 비슷하다. 유대인들이 가장 혐오하는 대상은 유대인들에게 예수 신앙을 전파하는 기독교 선교사들이다. 2천 년간 나라 없이 떠도는 동안 자신들을 그렇게 박해했던 사람들이 기독교인들이었다는 인식은 유대인들의 뇌리에 아직 선명히 남아 있고 그 고통스러웠던 역사적 경험은 더더욱 유대인들로 하여금 반기독교적이게 만든다. 개신교보다 천주교에 대해서 더 강한 반감을 가지는 것을 관찰하게 된다. 유대교의 하나님을 떠나 다른 신을 믿게 유도하거나 권하는 모든 종류의 개종 제안자들을 미워하기를 중단하지 말 것을 유대 율법은 요청한다(금지명령 17, 18, 19).

금지명령 58
"너는 그들을 겁내지 말라(신명기 7:21). 그들을 두려워 말라(신명기 3:22) 하였으니 전쟁에 나가는 자들은 전쟁 중 적들을 두려워하거나 겁내지 말아야 한다."

이스라엘 사회를 들여다보면 특이한 부분이 있다. 그것은 국민들 모두가 군인들이거나 한때 군인들이었다는 점이다. 실제로 이스라엘 젊은이들은 고등학교를 마치면 다 군대에 간다. 가지 않는 부류가 있지만 일단 유대인들에게 병역은 남자와 여자 모두에게 부여된 의무이다. 남녀 간의 차이가 있다면 복무기간이 다른 정도이다. 남자는 3년, 여자는 2년으로, 대학은 보통 군 복무를 마치고 가게 된다. 남자들의 경우 그렇게 3년으로 끝나는 것이 아니다. 군을 제대하고도 보통 20여 년간 더 예비군으로 복무해야 한다. '밀루임'이라 불리는 이스라엘 예비군 복무는 강당에 모여 앉아서 정신교육을 받는 것이 아니다. 예비군 호출이 오면 자신이 속했던 본래 부대로 돌아가 현역들과 함께 그 기간 동안 실전을 뛰어야 한다. 교수건 학생이건 순서가 돌아오면 다 간다. 예비군에 불려가게 되면서 시험을 놓치는 학생들을 위해서 이스라엘 대학의 기말고사는 아예 두 번의 기회를 가지고 치르도록 공지된다. 공군 조종사를 양성하는 프로그램을 빼면 이스라엘군에는 사관학교도 따로 없다. 모두 사병으로 군대생활을 시작해서 탁월함을 발휘하는 사병들에게는 장교가 될 수 있는 기회가 주어진다. 군 복무 도중에 장교교육을 받게 되고 과정을 마치면 임관하게 된다. 그렇지만 본래의 의무 복무기간이 차기까지는 장교로서의 월급도 따로 주어지지 않는다. 사병으로서 군생활을 시작하고 거기에 더하여 장교교육을 받고 지휘관이 되기 때문에 이스라엘 군 장교는 무척 유능하다. 일단 장교와 사병 간에 위화감이 없다. 이스라엘 군 장교는 사병들과 구별되는 장교 복장에 권총을 들고 뒤에서 전투를 지시하는 지휘관이 아니다. 이스라엘 군 지휘관은 전투 시 제일 앞에서 전투를 주도한다. 적진을 향하여 제일 먼저 뛰쳐나가는 자가 그 전투부대의 지휘관이다. 그리고 그렇게 실전에서 검증된 지휘관들이 계속 진급하게 된다. 이스라엘 군인들 가운데 가장 실전 경험이 많고 유능한 사람이 이스라엘 군 참모총장이 되는 것이다. 이스라엘 군의 탁월함과 용맹은 1948년 이스라엘 건국 이후 여러 차례 있었던 중동전쟁에서의 승리를 통하여 대외적으로 확인된다. 이스라엘은 지난 전쟁들에서 진 적이 없었다. 15만 명 정도로 알려지는 이스라엘 정규군의 규모는 주변 아랍국가들의 군대 규모와 비교하면 무척 작은 편이다. 수적인 열세를 극복하게 해주는 것이 이스라엘군이 보유하고 있는 좀 더 현대화된 무기 시스템이나 장병들의 사기를 진작시켜 주는 이스라엘 군사제도만은 아닌 것으로 보인다. 핵심은 이스라엘 군인들이 가지고 있는 민족적인 전통이다. 그것은 전투 시에 적을 두려워하는 것이 금기가 되는 율법 조항에 근거하는 것이다. 두려움이 없는 한 명이 겁내는 열 명보다 나은 법이다. 용맹한 군인들이 나라를 다스리는 것은 이스라엘 역사의 오랜 전통이다. 현 이스라엘 대통령과 수상과 국방장관과 야당 당수 및 많은 정치인들이 이스라엘 군 고위직 출신임은 "전쟁에 나가는 자들은 전쟁 중 적들을 두려워하거나 겁내지 말아야 한다"는 유대인들의 금기가 현대에도 지켜지고 있음을 또 다른 측면에서 보여 주는 것이다.

금지명령 63

"너희는 내 성호를 욕되게 하지 말라(레위기 22:32) 하였으니 거룩하고 복된 그의 이름을 욕되게 하지 말라."

유대인들의 사고에 의하면 존재하는 모든 사물에는 그것에 상응하는 이름이 있다. 반대로 이름이 있다는 것은 그 이름의 실체가 존재함을 의미했다. 유대인들에게 이름이 크게 되는 것은 그 이름을 가지는 존재가 위대해지는 것을 의미했고 이름이 사라지는 것은 그 존재가 망하는 것을 의미했다. 한 존재의 이름에 대한 태도는 그 존재에 대한 자세로 이해되었다. 사람들의 이름이 아니라 하나님의 이름에 관하여 다루는 이 금지명령은 구약성서에 묘사되는 십계명의 세 번째 계명과 연관을 가진다. 세 번째 계명은 여호와 하나님의 이름을 망령되이 일컫지 말도록 명령한다(출애굽기 20:7). 한국어 성경에서 '여호와'나 '야훼'로 음역되는 하나님의 이름을 욕되게 하지 말라는 금기를 구체적으로 어떻게 지켜야 하는지를 두고 유대 율법학자들 가운데 많은 고민과 논의가 있었던 것으로 보인다. 이 금기를 가장 확실하게 지키는 방법은 하나님의 이름을 부르는 것을 아예 피하는 것이었다. 그래서 유대인들은 그들의 역사 중 어느 시기부터 하나님의 고유한 이름을 사용하지 않게 되었다. 하나님의 이름을 직접 발음하는 대신에 다른 명칭으로 대치하는 방식을 취한 것이다. 대표적으로 네 개의 히브리어 알파벳으로 구성된 하나님의 고유한 이름(יהוה)이 성경 본문 가운데 나오면 그 단어를 읽을 때 '아도나이', 곧 '나의 주'라고 발음한 것이다. (정확하게 말하면 아도나이는 '주들'이라는 복수명사에 '나의'를 뜻하는 인칭대명사 소유격 접미어가 붙은 형태이다. 곧 '나의 주들'이라는 의미이다. 단수적인 의미가 되는 '아도니', 곧 '나의 주'라는 2인칭 존칭어는 예로부터 지금까지 유대인들의 일상에서 많이 사용되어온 표현이다. 단순히 혼선을 피하기 위해서 아도나이를 사용한 것은 아닌 것으로 보인다). 1611년 처음 발간된 King James 영어 성경은 하나님의 이름(יהוה)을 "JEHOVAH"라고 번역했지만 뒤늦게 기독교인들이 유대인들의 이 금기를 이해한 후로 거의 대부분의 영어 성경은 "Jehovah" 대신에 "The Lord"를 사용하여 하나님의 이름을 번역한다. 하나님의 이름 사용에 조심스러웠던 종교적인 유대인들은 나중에 본래 이름 대신 사용하던 아도나이를 사용하는 부분에서도 민감해지게 된다. 그래서 아도나이 대신에 "그 이름"을 의미하는 '핫쉠(השם)'을 사용하게 된다. 하나님의 성호에 대한 유대인들의 경외심은 여기서 끝나지 않았다. 일부 유대 종교인들은 하나님을 뜻하는 히브리어의 일반 명사 '엘로힘(אלהים)'을 사용하는 것조차도 조심스러워하게 되면서 엘로힘을 '엘로킴'으로 발음하는 데까지 이르게 된다. 유대인들이 대대로 전수해온 히브리어 성서는 그들 삶에서 가장 소중한 것이다. 개개인이 가정에서 읽는 히브리어 성서는 인쇄본이지만 회당 예배에서 사용하는 강단용 성서는 가죽 두루마리로 된 필사본이다. 수요가 생길 때마다 많은 비용을 들여 성서를 수작업으로 필사하게 된다. 하나님의 이름이 나올 때마다 성경 필사자는 최대한 조심스럽다. 네 알파벳의 하나님의 이름을 그대로 옮겨 적게 된다. 그러나 성경 필사가 아닌 다른 문맥에서 유대인들이 하나님의 이름을 네 글자 그대로 쓰는 경우는 없다. 'יהוה'를 'ה'나 '"', 아니면 '"' 등 몇 가지 방식으로 대신하여 기록한다. 하나님의 거룩한 이름을 아무것에나 함부로 기록할 수 없는 것이다. 하나님의 성호를 더럽히지 말라는 금기는 다른 문제들을 야기시킨다. 예로 사용을 다한 두루마리 성서 같은 경우 아무렇게나 파기할 수 없다. 그 안에 하나님의 이름이 기록되어 있기 때문이다. 보통 항아리에 담아서 땅에 파묻어 처리한다. 이것을 유대인들은 '그니자(גניזה)'라고 부른다. 조금 다른 문맥이지만 종교적인 유대인들이 지키는 생활의 금기가 있다. 그것은 유대인 가정의 지붕 아래로 신약성서를 가지고 들어가지 않는 것이다. 유대인들에게 기독교의 예수 그리스도는 도저히 수용할 수 없는 신앙의 대상이다. 그것은 신약성서가 예수 그리스도를 하나님 자신으로 그리고 하나님의 아들로 제시하고 있기 때문이다. 유대인들로 봐서는 유일하신 하나님에 대한 최대의 신성모독인 셈이다.

3. 이스라엘의 에티켓

　오랜 역사와 전통을 지닌 사회일수록 에티켓이 발달되어 있다. 이스라엘의 경우 역사도 오래되었고 종교적인 전통도 유구하지만 의외로 에티켓은 많이 발달하지 못한 모습이다. 두 가지 정도의 이유가 존재한다. 한 가지는 유대교의 율법적 금기가 지나치게 많고 다양하다는 것이다. 보편적으로 사회적인 금기가 적으면 에티켓이 더 발달한다. 유대 사회의 경우 세세한 금기사항들이 지나치게 많아지면서 금기가 아닌 다른 모든 것들은 자유롭게 허용하는 문화가 되었다. 금기를 지키는 것에 온 힘을 쏟다 보니 에티켓까지 신경 쓸 여유는 없었던 것 같다. 또 다른 배경은 유대인들의 유랑이다. 1, 20년도 아니고 장장 2천 년 동안 떠돌아다녔다. 그것도 한

곳이 아니라 전 세계로 흩어져 살아 왔다. 돌아갈 수 있는 국가는 1948년에야 세워졌다. 흩어져 살았던 사람들이 되돌아와 모이면서 탄생한 국가가 이스라엘이다. 유대인들은 이것을 '키부츠 갈루욧(קיבוץ גליות)', 곧 "이산민들의 집합"이라고 부른다. 건국 64년이 되는 이스라엘은 이민자들의 국가이다. 국민 절반 이상이 백 개가 넘는 국가들에서 되돌아 온 사람들이다. 유대인으로서의 정체성과 삶의 방식만을 가지고 되돌아 온 것이 아니라 온 세상의 각양 문화를 ― 그들의 살았던 지역의 금기와 에티켓을 포함해서 ― 다 가지고 조상의 땅으로 귀환한 것이다. 세계 어떤 곳에서도 찾기 힘든 문화적 다양성이 존재하는 국가가 된 것이다. 사회적인 에티켓은 하루아침에 형성되는 것이 아니다. 문화적 스펙트럼이 균질하고 좁을수록 선명하게 나타나는 것이 에티켓이다. 이스라엘의 경우 사회적 에티켓이 형성되는 데 필요한 토양이 처음부터 엉망이었던 셈이다. 그러나 그럼에도 불구하고 유대 에티켓도 오랜 전통을 지닌다. 유대인들이 오래전부터 사용해온 용어 '데레크 에레쯔(דרך ארץ)', 곧 "세상의 방식"이 일부 유대 에티켓의 개념을 포함한다.

모여 들어온 이스라엘 유대인들이 다양성보다 동일성을 발휘하는 영역이 있다. 그 영역은 유대적인 삶의 영역, 곧 유대 종교와 전통이 관련된 부분이다. 유대인으로 태어나서 8일 만에 할례를 받고 열세 살에 성인식을 치르고 랍비의 주례하에 유대식으로 결혼하고 죽어서 유대식으로 장례를 치르게 되는 것은 모든 유대인들이 공유하는 삶의 사이클이다. 매주 금요일, 저녁 해가 지면 안식일을 맞아 온 가족이 한 상에 둘러앉아 안식일 만찬을 가지고 토요일 하루를 쉬는 것은 이들이 지난 3천 몇백 년을 지켜온 삶의 방식이다.

나라를 잃고 쫓겨나 2천 년 동안이나 뿔뿔이 흩어져 살아야 했지만 자신들이 안식일을 지켰기 때문에 안식일이 자신들을 지켜 주었다고 그들이 말할 정도이다. 유대 전통명절 또한 그 계절이 오면 어김없이 찾아온다. 가장 큰 유대 명절인 유월절이 오면 모든 유대인들은 자신들의 조상들이 이집트 땅에서 종으로 살다가 해방되었던 그 출애굽의 밤을 기억하면서 몇 시간의 긴 저녁만찬을 함께한다. 이스라엘 사회의 에티켓은 이런 유대인의 삶의 일상에서 다소간 발견된다. 대표적으로 음식 예절 몇 가지를 간략히 살펴볼 수 있겠다.

자신이 먼저 한 입 먹은 빵이나 자신이 먼저 마신 컵에 남겨진 음료를 주변에 권하지 않는다. 한 컵으로 물을 나누어 마셔야 한다면 먼저 마신 자는 윗부분의 물을 약간 버리고 권해야 한다. 같이 있는 사람들에게 냄새를 풍기는 음식을 먹는 것은 피해야 한다. 가능하면 식탁 가운데 접시의 음식을 제일 먼저 먹는 자가 되는 것을 피하고 마지막 조각을 먹는 자가 되는 것을 피해야 한다. 상식이지만 초대받은 손님이 다른 손님을 데리고 가지 말아야 한다. 파티 중 건배를 제안하는 경우, 보통 '레하임(לחיים)', 곧 "삶을 위하여"로 잔을 든다. 건배하는 잔을 내린 후에 한 입에 다 마셔서는 안 된다. 폭음가로 오해받는다. 두 번이나 세 번에 걸쳐 한 잔을 끝내도록 한다. 유대인들은 식사 전후에 반드시 손을 씻는다. 이방인으로서 유대인 친구를 집에 초청할 때 그 친구가 유대 음식법[카슈룻(כשרות)]을 준수하는 사람이라면 그는 이방인 친구가 준비한 음식을 먹을 수 없다. 그 경우에는 Take-out을 할 수 코셰르 음식을 사 와서 일회용 접시와 포크, 나이프로 대접해 주어야 한다. 와인이나 콜라 같은 경우도 율법적으로 적법하다는 것을 증명하는 코셰르 표시가 된 것을 일회용 컵과 함께 준비하여야 한다. 안식일 저녁에 유대인 친구 집으로 초청을 받아 갈 경우 코셰르 와인을 준비해 가는 것은 좋은 선물이 될 수 있다. 그러나 와인을 따는 것을 자청하는 것은 반드시 피해야 한다.

4. 결론

이스라엘의 금기와 에티켓에 대하여 단편적으로 살펴보았다. 행위 중심의 유대교를 자신들의 정체성으로 삼는 유대인들의 금기와 에티켓은 어쩔 수 없이 그들이 지켜야 하는 율법 조항들과 연관됨을 보았다. 그러나 이스라엘에 사는 모든 유대인들이 다 종교적이지는 않다는 점도 기억해야 한다. 즉, 위에서 소개된 금기나 에티켓을 중시하지 않는 이스라엘 사람들도 있다는 것이다. 이스라엘에 장기간 살아 보면서 한국인으로서 유대인들과 사귀고 어울리는 것은 의외로 쉽다는 느낌을 받았다. 그것은 비교적 길었던 고난의 역사를 통하여 형성된 두 민족의 유사한 민족 정서와 가족 중심의 문화 때문인 것으로 보인다. 약간의 호기심과 열린 마음을 가진다면 유대인들의 금기와 에티켓은 한국 사람들에게 무척 흥미로울 수 있을 것 같다.

참고문헌

최창모, 최영철, 이원삼, 김종도 공저,『유대교와 이슬람, 금기에서 법으로』, 서
　　울, 2008
Abrahams, I., *Jewish Life in the Middle Ages*, Philadelphia and Jerusalem, 1993.
Arzi, A., "Etiquette", *Encyclopaedia Judaica* (2nd Ed.), Vol. 6:539-540.
Blumenkrantz, B., "Food", *Encyclopaedia Judaica* (2nd Ed.), Vol. 7:115-122.
Eisenberg, Ronald L.. *The 613t: A Contemporary Guide to the Commandments of
　　Judaism*, Schreiber Publishing, 2005.
Isaacs, R.H., *The Jewish Book of Etiquette*, Northvale N.J., 1998.

http://www.jewishvirtuallibrary.org/jsource/Judaism/ettiquette.html

그리스인 일상의 도덕과 관습

최자영*

도덕(morality, etiquette)과 관습(custom)은 어느 언어에서나 서로 보완적인 의미를 갖는다. 도덕은 한 사회집단의 무형적인 행위를 말한다. 한 시대를 풍미한 느낌, 개념, 사고방식, 유행(자동차를 선호한다든지, 생산되는 식품 종류, 의복 등) 등이 그렇다. 반면, 관습이 반복되면서 전통이 되면 관습이 된다. 예를 들면, 신부는 처녀이어야 한다는 관념을 보여 주는 것으로서, 첫날밤이 지난 다음 붉은 선혈이 묻은 신부의 옷을 공개하는 것이 그러하다. 그것은 결혼 첫날밤 신랑과 처음 접촉한 신부에게 처녀막이 있었음을 증명하는 것이다.

그런데 제2차 세계대전을 거친 다음 도덕과 관습의 관계가 훼손되었다. 도덕이 관습화 하지 못하는 상태가 된 것이다. 이것은 전통적으로 농촌생활이 갖는 폐쇄적 생활이 지양된 데 그 원인이 있다고 하겠다. 특히 기계화로 인해 생산력이 확대되면서, 전통적으로 농촌에서 신봉하던 금기 및 관습들이 사라지게 되었다. 농촌의 금기 및 관습은 미래에 대한 불확실성으로 인한 공포, 신적인 것에

<hr>

* 부산외국어대학교 지중해지역원 HK교수 그리스 역사학전공.

::그리스의 안락한 방 안의 모습(그리스 서쪽 이오니아 해 레프카다 섬의 실내)

대한 공포 등과 관련하여 마음 깊은 곳에 품은 소원, 희망에서 유래한 것들이 많았기 때문이다.

옛것이 훼손되어 가는 가운데 새로운 관습이 생성되지 않는 현상은 사람 사이의 관계가 변화한 데 원인이 있다. 과거의 농촌생활에서는 훨씬 더 자유로운 시간, 사색할 시간이 많았고 서로 생활의 공분모가 있었으나, 그 밖의 다른 동업 집단들은 공간, 시간적으로 한정적이고 일시적이라서 일반성이 결여되어 관습을 형성하지 못한다. 행위가 관습으로 발전하기 위해서는 반복되어야 하는데, 그런 반복에는 자유로운 시간같이 절대적으로 필요한 기본 조건이 갖추어져야 하기 때문이다. 오늘날은 관습을 형성하지 않을 뿐 아니라 옛 관습도 쇠퇴하고 있다. 사회의 하부구조는 물론 상부구조가 함께 바뀌면서, 새 관습을 창조하지 못함은 물론 있던 관습에 도전하는 단계에 이르게 되었다.

오늘날 과거의 습속은 두 가지 측면에서 우리에게 다가선다. 한편으로, 산업화된 사회의 다른 일각에서 농업과 전통의 삶이 그대로 이어지는 부분이 없지 않다. 다른 한편으로는, 산업화된 사회 속에서 과거에 대한 관심과 흥미가 진작되어 왔으며, 특히 과거의 관습이 허물어지던 1950년대 이후에 그런 현상이 두드러지게 나타났다. 이것은 과거의 민속이 그대로 계속되는 것은 아니고, 산업사회의 사람들의 상상과 호고적(好古的) 취향에 맞게끔 새롭게 변형된 '제2의 민속'이라고 할 수 있다.

이 두 가지 민속, 즉 일각에서 존재하는 농업사회에서 보존된 관습, 그리고 산업사회에서 변형된 제2의 민속은 서로 합쳐져 하나가 되어 우리에게 다가온다. 인간의 손으로 직접 만들 필요가 크게 없는 산업사회에서 손으로 직접 뜬 자수는 신비로운 것으로 여겨지는 것과 같다.

또 고향, 조국을 떠난 사람이나 남의 지배를 받는 사람들은 향수가 강하다. 그리스에서는 1920년대 소아시아, 흑해 등 터키 땅에서 쫓겨나 그리스로 들어온 사람들이 있었다. 이들의 기억에 남아 있는 관습, 민속은 터키의 것과 크게 다르지 않다. 그런 점에서 그리스의 관습은 4~15세기 비잔티움 제국, 15세기에서 20세기 초까지 오스만튀르크 제국하에서 한 국가로 지내왔으므로 터키의 관습과도 공통점이 없지 않다.

그리스는 전통의 민속이 본연의 모습을 지닌 채 그런대로 지속되는 곳이라고 할 수 있다. 이곳은 산업구조 면에서 다른 곳에 비해 농업이 차지하는 비중이 높기 때문이다. 그런 만큼 적지 않은 사람들에게 전통의 정서와 자유로운 시간의 확보가 더 용이하고,

과거의 관습도 더 많이 유지되고 있음을 보게 된다.

한 예로, 전후 만들어진 살충제(DDT 등) 덕분에 겨우내 사람의 몸에서 피를 빨던 빈대나 벼룩 등 좀벌레들이 사라졌다. 그리스의 키오스 섬에서는 옛날 봄날이 되면 방망이를 두들기며 "3월 맑은 태양 아래 빈대, 벼룩 사라져라"라고 소리치는 관습이 있었다. 그런데 그런 좀벌레들이 사라진 오늘날까지 아직도 이런 관습이 사라지지 않고 남아 있음을 보게 된다.

1. 출생

결혼의 주요 목적 가운데 하나가 아이를 갖는 것이다. 아이를 갖지 못하면 이혼을 하고 다른 여인을 들이기도 한다. 교회의 사제는 아이를 갖지 못하는 여인에게서 제물을 받지 않고, 또 여인네들은 그런 여인에게서 밀가루를 빌리지도 않는다.

여인들은 유산하지 않기 위해서 붉은 돌 혹은 계란(부활절 주간 대(大) 목요일 처음 붉은 색칠을 한 것으로, 특히 검은 새의 알이 좋다) 등을 몸에 지닌다. 아이, 특히 사내아이를 낳기 위해 식물 요법을 쓴다. 또 아이를 낳은 뒤 아이와 산부를 위해 처음 40일 동안 밤을 금기시하여 조심한다.

붉은 돌 혹은 계란에서 계란은 깊은 사려와 함께한 생명의 시작을 뜻한다. 이것은 새 생명을 만들어내는 산모의 피를 상징하는 것이기도 하다. 처음으로 아기를 씻기거나 탯줄을 묶거나 이름을 짓는 행위들은 다소간에 주술적인 행위와 연관이 있었다. 그러나 주술의 의식은 과학적 의술이 확대되면서 점차 후퇴하게 되었다.

에게 해의 카르파토스 섬에서는 '세례를 주다(baphtizo)'라는 말이 '부활하다(anastaino)'란 말과 같은 뜻으로 쓰인다. 그리스에서는 아이에게 할아버지와 같은 이름을 지어주는 것은 영원의 계승을 뜻하는 낙관적인 상징의 의미를 지니는 것이다.

여인이 아이를 낳을 때 남편의 윗옷, 손수건 등을 여인의 배 위에 올리는데, 이것은 순조로운 출산을 위한 기원이다. 남편이 멀리 떠나 있을 때는 기별을 하여 그런 것을 보내주도록 청하기도 한다. 갓 태어난 아기에게는 새 옷을 입히지 않는다. 그래서 그 아버지가 입던 옷으로 태아의 옷을 만들기도 한다. 이때 그 아버지의 옷으로 태아의 옷을 만드는 것은 출산에 아버지도 협조한다는 뜻이 담겨 있다. 아기가 태어난 지 일곱 번째 날이 되면 사람들이 모이고, 산모는 태아를 비단 강보에 싸서 태아의 아버지가 입던 비단 상의를 입힌다. 이것은 아기가 자라면 그 아버지를 존경하라는 기원을 담은 행위로 해석된다.

신생아와 산모가 죽는 경우도 많았다. 그 대처방법은 아이를 많이 낳는 것이었다. 아이는 기독교의 하나님이 주시는 선물로서 그것을 거부하는 것은 죄악으로 간주되었다. 그러나 현대에는 출산율 저하와 유아 사망률로 인해 다산의 가정이 줄어들었다. 인구 통계에 따르면, 1938~42년 사이에 16만 5,000의 다산 가구가 1972~96년에는 2만 가구로 줄어들었다.

결혼의 횟수가 오늘날 2번, 3번인 경우가 드물지 않다면 과거에도 그랬는데, 그 원인은 다르다. 과거에는 아이를 낳다가 여인이 죽는 경우가 많았기 때문이다.

참고로, 북부 그리스에서는 1월 8일을 어머니의 날로 한다.

2. 양자 들이기

아이를 갖지 못한 사람들은 양자를 들인다. 양자를 들이고 싶은 사람들은 소매가 넓은 윗옷을 입거나 넓은 소매만 만들어서 옷에다 붙이기도 한다. 이런 것은 태아를 받아서 넣도록 하기 위한 것으로, 넓은 소매를 통해 받은 아기를 세 번 소매 끝으로 넣었다가 가슴으로 꺼낸다. 여기서 중요한 것은 이렇게 하는 것이 여인네가 아니라 남자들로서, 이것은 상징적인 출산 행위를 뜻한다. 여인의 윗옷 소매를 통해 남자들이 하는 이런 행위의 관습은 과거 그리스 여러 곳에서 행해졌으며, 세계적으로도 'couvade(의만 擬娩 arrenolocheia, 즉 상징적 분만)'란 용어로 알려져 있다. 남성들이 하는 이런 양자 취득의 행위는 가부장적인 사회구조를 반영하는 것으로 해석되기도 한다.

3. 양자 내주기

신생아의 사망을 피하기 위한 한 방법으로, 병든 아기를 팔기도 한다. 이런 아이는 풀로스(팔리는 남아), 풀로(팔리는 여아)로 불리곤 했는데, 그 뜻은 '판다(풀로)'라는 단어에서 온 것이다. 이렇게 다른 집안으로 간 아이는 태어난 집안에 닥친 악운을 피한다고 생

::그리스 시골의 자그만 교회(에게 해 키클라데스 제도의 키몰로스 섬)

각되었다. 아이를 파는 행위는 양자채택의 형식을 따르기도 하고, 혹은 그 어머니가 아이를 데리고 길에 나가서 "아이를 팝니다"라고 외친다. 이 양자 내주기는 교회에서 아이에게 세례를 베풀 때 이루어진다. 아기가 교회에 '내버려지면', 누구든지 원하는 사람이 그를 데려간다. 또는 성자를 기리는 축제날에 이루어지기도 하는데, '성모마리아(파나기아, 8월 15일)'를 기리는 날에 가장 많이 이루어진다. 아이를 내다 버리는 사람은 미리 교회에 약간의 성금을 낸 다음, "성모마리아의 어린 종 ○○…"라고 외친다. 짐짓 교회의 성모마리아나 성자에게 팔린 아기는 다시 다른 사람에게 팔리는데, 사 가는 사람도 약간의 성금을 교회에 낸다.

4. 세례

세례는 유아를 사망으로부터 구하는 한 방법으로 간주되었다. 그래서 될 수 있는 대로 일찍이 세례를 받는다. 주로 산후 40일이 지난 다음 받지만, 태아의 생명이 위험하면 그 전에도 받는다. 세례도 받지 못하고 죽으면 죄를 짓는 것으로 저승에서 영원히 고통 받는다고 믿었기 때문이다.

세례는 언제나 교회에서 베풀어진다. 유일한 예외가 '공중 세례'로서, 이것은 어쩔 수 없는 상황에서 집에서 행해진다. 아기가 죽을 지경에 처하면, 아무나 옆에 있던 사람이 십자성호를 긋고 아이에게 이름을 지어주면서 '믿습니다'라고 말한 다음, 아이를 세 번 높이 치켜세우며 "하나님의 종, ○○가 세례를 받습니다"라고 말한다. 나중에 아이가 다시 살아나게 되면, 다시 정식으로 교회에서 같은 이름으로 세례를 받게 된다.

오늘날은 세례가 교회에서 간단하게 이루어진다. 그러나 지금은 더 이상 존속하지 않지만 옛날에는 더 복잡하게 세례가 이루어졌다. 그 예를 들자면, 일부 그리스인들은 아이가 나면 여드레째 되는 날 세례를 하기도 한다. 이것은 이스라엘에서 여드레째 되는 날 할례를 하는 풍습에서 영향을 받은 것인지도 모른다.

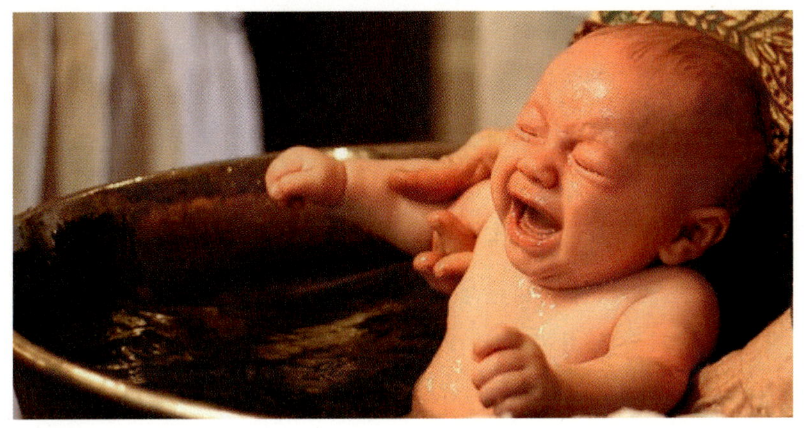

:: 세례받는 아기

　이때 부모는 교회에 가지 않고 집에서 머문다. 대부가 아기의 이름을 말하는 순간, 그 옆에 둘러섰던 아이들이 집에 있는 부모에게로 달려와서 사실을 고하며 축하를 한다. 아이의 부모는 제일 먼저 달려온 아이들에게 돈을 주면서 "부자가 되거라(chrysonoun)"라고 말한다. 세례의식이 끝나면 대부가 아이를 부모에게로 데려온다. 아이의 어머니는 대부에게 세 번 절을 한 다음 그 손에 입 맞추고 아기를 받는다. 이 가운데 세 번 절하는 것은 아직도 남아서 교회의 '성스러운 제단(Agio Bima)' 앞에서 한다. 세례의 마지막에 아기의 어머니는 천으로 손수 아기가 세례를 받은 성수대를 닦고는 그 천으로 돌 하나를 싸서 바다에 던진다.

　또 다른 관습으로, 세례식에 초대받은 사람들이 달 수 있도록 대부가 작은 성물이나 십자가 모형을 나누어 준다. 과거에는 그 대신 돈을 나누어 주었다. 대부가 나누어 주는 이 물건들은 신비의 세례의식을 증거한다는 뜻을 가진다.

대부와 대모는 단순히 아기의 이름만 지어주는 것이 아니라 도덕적, 정신적 부모로 간주된다. 그리고 같은 대부, 대모에게서 세례를 받은 아이들은 서로 형제간으로 간주되어 커서도 서로 혼인하지 않는다.

대부는 교회 비용을 다 대고, 세례를 받는 아이의 옷을 입힌다. 또 아이에게 줄 황금의 촛대, 등불, 성물, 비누, 기름 등 세례식에 필요한 물건들을 다 구입한다. 교회는 세례식을 돕는 신부들이 얼마의 봉사료를 받아야 하는지를 정하지 않으나, 보통은 알아서 지급한다. 가끔은 드물게 돈을 지불하지 않고도 세례식을 하는 경우도 있다. 흔히 아기의 부모가 다니는 교회에서 세례식을 하지만, 부모가 다른 교회에서 하기를 원할 때는 그렇게 해도 기존 교회에서 반대하지 않는다. 대개는 세례식이 있는 날 관청에 아이의 호적을 기록한다.

보통 결혼식에서 입회인(증인)이 된 사람은 그 결혼에서 난 첫아이의 대부가 된다. 대자(아이)는 좋든 나쁘든 대부의 특성을 이어받는다고 믿는다.

세례는 정교회에서 이루어지는데, 아이에게 세례를 할 때 사제는 아이를 세 번 물속에 완전히 넣었다가 꺼낸다. 아이는 몸부림을 치며 우는 가운데 사제가 '성부와 성자와 성신의 이름으로 하느님의 종이 세례를 받습니다'라고 말한다. 그러고는 아이에게 이름이 주어지며 성유를 발라 준다. 세례가 끝난 아이를 사제가 대부에게 넘겨주면, 대부는 흰 천에 아이를 받아 감싼다. 아이에게 옷을 입힌 다음, 대부가 금 십자가와 선물을 아이에게 주고, 사제가 그 아이의 머리카락 세 개를 잘라내면 의식이 끝나며, 잔치가 벌어진다.

세례가 거행되는 동안 집에 머물고 있던 아기의 친부모는 세례식 때 하객들에게 나누어줄 '보보니에라(얇은 천에 아몬드 등을 속에 넣어 흰 당분으로 입힌 작은 단 과자를 몇 개 넣어 끈으로 싼 것)'와 단과자 등을 미리 준비해둔다.

아기의 이름은 형식적으로는 대부가 정하나, 실제로는 아기 부모의 뜻을 따른다. 대개는 첫째 아이는 아기 아버지의 부모 이름을, 두 번째 아이는 그 어머니 쪽 부모의 이름을 따른다. 부부의 의견이 다를 때는 민법에 규정에 따라 아기 아버지의 의견이 우선한다.

아이가 성자 축일에 태어나면 흔히 그 성자의 이름을 따른다. 고아인 아이는 그 아버지의 이름을 따르기도 하고, 또 병든 아이는 그 아이를 낫게 하는 데 도움을 주었다고 생각하는 성자의 이름을 따르기도 한다.

옛날 아테네에서는 셋째 아이가 나면 아기의 외할아버지의 이름을 딸 뿐 아니라 그 성까지 따른다. 이렇게 어머니 측의 가계가 지속되었다. 또 남아보다 여아의 경우 더 부당한 관습이 있었는데, 그것은 여아가 쌍둥이로 태어나면 두 번째 여아는 저주를 받은 이로 간주되었다. 그래서 두 번째 여아는 될 수 있는 대로 사라졌으면 좋겠다는 생각에서 그 이름을 '이방여인(Xeni)'으로 지었다. 그것은 어디든지 다른 곳으로 사라지거나 떠나 버리라는 뜻이었다.

오늘날에는 대개 관습과 무관하게 부모가 아이의 이름을 정한다. 교회도 반드시 성자의 이름이 아니고 무엇이든 원하는 이름을 짓는 데 반대하지 않고 그들을 돕는다.

5. 중매

혼사를 성사시키는 중매인이 가장 먼저 하는 일은 지참금을 정하는 일이다. 먼저 중매인이 켜진 등불을 들고 여인의 집으로 간다. 등불을 켜지 않으면 여인의 집에서 받아들이지 않는다. 그리고 중매인이 여인의 집에 머무는 동안 절대로 등불이 꺼지지 않도록 한다.

악운을 차단하는 주술적 방법으로 중매인은 짝이 맞지 않는 양말을 신는다. 이것은 악운과의 조우를 피하기 위한 것이다. 일을 성사시키기 위한 기원으로 중매인은 손에 밀랍 촛불을 손가락으로 잡고 있기도 하고, 또 '중매가 틀어지지 않도록, 빗자루와 쓰레받기를 가져오느라'라고 말하기도 한다.

오늘날은 이런 관습이 많이 사라지고, 도시에서는 중매를 전업으로 하는 회사가 생겨났다. 회사가 하는 중요한 일은 서로의 취향을 맞추는 것과 혼인 예물의 정도를 조정하는 것, 그리고 개인적 자질, 능력을 소개하는 것 등이다. 나아가 중매를 위한 신문도 발행되고, 잡지에는 젊은이들의 교제를 위한 전용 칼럼도 생겨났다. 이런 것들은 혼인의 목적을 분명히 한 가운데 남녀 간의 교제의 편의를 돕는 것이다.

6. 약혼

한때 펠로폰네소스의 마니에서는 약혼한 순간부터 결혼식이 거행될 때까지 예비신랑은 약혼녀의 집으로 가거나 그녀와 이야기할

::그리스 전통 남자들의 춤(그리스 서쪽 이오니아 해 레프카다 섬)

수가 없었다. 나중에 이런 관습은 사라졌으나, 약혼녀는 약혼한 남자의 집으로 가지 못한다. 그 밖의 다른 곳에서는 더 수월하여 예비신랑은 일주일에 한두 번 약혼녀의 집으로 갈 수 있었고, 대개는 일요일에 간다. 한편, 아테네에서 델포이로 가는 길목, 파르나소스 산속 마을인 아라호바에서는 예비신랑은 '자신의 외투와 지팡이를 신부의 집에 걸어둔다'고 할 정도로 자유롭게 약혼녀의 집을 드나든다. 레스보스의 스팁시스에서는 약혼한 기간 동안 예비신랑은 약혼녀의 집에서 기거하고 잠자리를 함께할 수 있다. 상류층 가운데서는 이런 관습은 없으나, 토요일 밤이나 큰 축제일 전날 밤에 예비신랑은 고기, 물고기, 단 과자, 과일 등을 가지고 약혼녀의 집으로 가서 일요일을 보내고 월요일 아침에 떠난다. 만일 예비신랑이 그 약혼녀를 버리면, 신부의 가족들에 의해 반죽음을 당한다.

약혼 기간은 정신적·도덕적인 면, 그 밖에도 여러 가지 점에서 시험을 받는 기간이기도 하다. 특히 사회적으로 열등한 지위에 있는 여인들은 있을 수 있는 악의나 질시를 견뎌내어야만 한다. 악의와 질시에 대한 염려는 혼인생활에서도 마찬가지로 따라다닌다. 다만 폐쇄적이고 보수적인 사회일수록 이혼이 더 어려우므로 혼인생활이 더 안정적이라고 할 수 있다.

시련에 봉착하게 되면 흔히 주술의 도움에 의지하게 된다. 20세기 초까지만 해도 '사랑의 묘약'이 사용되었다. 예를 들면, 약혼녀는 약혼한 남자의 사랑을 얻기 위해 자신의 어머니의 젖을 옷에다 적셔서 약혼한 남자에게 갖다 대거나, 아니면 그 젖을 잉크에 섞어서 남자에게 편지를 쓴다.

혼인한 다음에도 같은 문제가 지속되었다. 17세기의 관습으로, 아내는 남편의 사랑을 얻기 위해 자신의 오줌이나 젖, 혹은 그 어머니의 젖을 남편에게 뿌리기도 하고, 또는 반죽이나 밀가루를 이런 것에 적셔서 남편이 먹도록 주기도 했다.

사랑의 질투나 경쟁으로 인해 저주의 주술을 쓰기도 한다. 증오를 불러일으키고 약혼이 깨어지도록 고양이와 개를 한 마리씩을 양가 사돈 집 앞에 각각 갖다 놓고는, '고양이와 개가 서로 싸우듯이, 사돈끼리 서로 싸워라' 하고 저주의 말을 한다.

7. 혼인

옛날에는 혼인의 예식이 여러 날 거행되었다. 파르나소스 산 마을 아라호바에서는 신랑과 가까운 친척으로 5명의 사내들이 밤 2~3시에 바구니에 과일, 단 과자, 포도주 한 병을 넣어 가지고 가서 신부를 불어내어 준다. 그런 다음 바로 신랑의 아버지와 신부에게 화환을 씌워줄 대부에게로 가서 이들에게도 단 과자를 담은 바구니를 건네준다. 월요일 아침이 되면 신부의 어머니가 나가서 '오늘 예물을 준비합니다'라고 소리친다. 수요일 3명, 혹은 5명, 혹은 7명의 기혼녀들이 바구니에 카네이션을 담고 '우조(술의 일종)'를 담

::그리스 전통 여인들의 춤(그리스 서쪽 이오니아 해 레프카다 섬)

::전통복장을 한 그리스의 신혼부부

아서 신부의 집에서 베푸는 잔치에 사람들을 초대한다. 금요일에
는 신랑 집에서 이와 같이 한다.

흔히 나뭇가지로 깃발을 만드는데, 이것은 젊음과 다산을 상징
한다. 인공의 나무를 만들고 사랑의 상징
으로 레몬, 석류, 사과를 달아놓고, 또 십
자가(나뭇가지 두 개로 십자 모형을 만들
기도 한다)를 만든다. 이런 것들이 행운
을 가져온다고 믿었다. 또 신부의 치마에

::그리스 국기

서 떼어낸 조각이나 손수건, 혹은 붉은 천이나 붉은 털실로 혼인을 기리는 깃발을 만든다. 드물게는 그리스 국기나 그 같은 색깔의 깃발을 단다.

신부가 화환을 받아 쓰기 전에 가장 중요한 의식은 빵을 준비하는 것이다. 사실상 빵을 만들기 시작하는 데서 결혼 전의 주일이 시작되어 빵을 나누어 먹는 것으로 혼인의 모든 절차가 끝난다. 결혼식 다음 날 신부가 마을의 샘을 방문할 때, 샘가에서 잔치가 열린다.

남편을 아직 여의지 않은 여인네들이 일을 도우며, 짐짓 '행복한' 아낙네가 신부의 잠자리를 준비한다. 혼인예물(지참금)이 가는 날은 격식을 차려서 말(馬)을 홀수로 준비하고 말들의 색깔도 정선한다. 신랑도 신부에게 옷이나 돈 등의 예물을 건넨다. 이것은 예로부터 신부를 사들이는 관습의 잔재로서 일부 지역에 그 흔적이 남아 있다. 그러나 핵가족이나 부모 쌍계친족이 발달된 곳은 그렇지 않다.

키프로스, 소아시아, 트라키(에게 해 북쪽으로 연한 그리스 땅), 마케도니아 등에서는 소녀들이 신부의 머리와 손톱을 붉게 칠한다. 북부 이피로스(그리스 본토 서북쪽 지방)에서는 한 여인이 신부 뒤에서 따라가며 붉은 양산을 받쳐주어 해에 그을리지 않도록 한다.

결혼식은 주로 일요일에 거행하고 화, 수요일은 악운의 날로 피한다. 또 지금까지도 내려오는 것으로 윤년은 특히 경사스러운 것으로 간주되었다. 달을 정할 때는 흔히 농사일이 없는 겨울철을 택한다.

결혼식 날이 되면 신부와 신랑은 각기 자신의 집에서 치장을 한다. 이것은 치장의 뜻만 아니라 악운을 물리치는 무장의 뜻을 지닌다. 레스보스 섬의 텔로니아에서는 옛날 친척들이 신부의 팬티를 하나씩 선물했는데, 이것은 악운을 물리친다는 뜻이 담겨 있다. 또 기름칠을 한 옷을 맨살에 입혀서 악운이 문(pyli)으로 들어오지 못하도록 하거나, 신부의 오른쪽 신발에 가위를 달아서 나쁜 소문이 돌지 않도록 한다. 이때 들러리가 신부의 신발을 신겨 주기도 한다. 신부뿐 아니라 신랑도 미래에 부부에게 악운이 닥치지 않고 또 무기력해지지 않도록 조심을 한다.

신부에게 화환을 씌우는 행사가 교회에서 진행되므로, 신랑은 신부의 집으로 가서 그녀를 만나서 교회로 인도한다. 신부는 화환을 쓴 다음 신랑의 집으로 가게 된다. 신랑의 집 문턱은 큰 의미를 지닌 것으로, 신부가 처음으로 신랑의 어머니를 만나는 곳이며, 또 새로운 생활, 농촌이라면 농민의 아낙으로서의 생활이 시작되는 곳이기도 하다.

집 문턱에는 보습 등 농구들이 깔려 있고 신부는 그것을 밟고 지나간다. 앞으로 농경에 가족들과 함께 봉사하겠다는 뜻이다. 이런 관습에서 나온 속담이 '우리 신부가 문 뒤에서 보습을 보았네'라는 것이 있다. 또 신부는 십자 모양으로 놓인 석류들을 밟고 지나가는데, 많은 씨앗들이 터져 나오는 것은 그만큼 자손을 번성하게 한다는 뜻을 갖는다.

첫날밤은 악운이 끼지 않도록 특히 조심을 한다. 드물게는 악운을 물리치기 위해 늙은 여인들이 '수호자'가 되어 신랑 대신 신혼부부의 침상에서 신부와 함께 지낸다. 첫날밤 혹은 여러 날 밤을 그렇게 한다. 이것은 악귀로 인해 첫날밤 신랑이 무기력해지는 것을 막으려는 뜻이다.

첫날밤 신부의 처녀성을 시험하는 것은 상당히 중요한 의미를 지녀왔다. 그런데 처녀막의 존재를 문제 삼게 된 역사적 배경이 비잔티움 시대의 사료에 나와 있다. 이것은 오늘날 우리가 생각하는 순결의 의미와는 아주 다른 것으로 어린 여아를 보호하기 위한 것으로 그 이야기는 이러하다. 한 아버지가 일곱 살밖에 안 된 딸의 나이를 열 살이라고 속여서 혼인을 시켰다. 혼인한 남자가 그 딸과 관계를 가졌는데, 아직 성숙하지 못한 까닭에 그 몸과 정신이 모두 타격을 받게 되었다. 이 사건이 재판소에 상정되었다. 그때 나온 판결에 따라 혼인은 무효가 되고, 속아서 그녀와 관계한 사람은 코를 잘리고 그의 재산 중 반을 그녀에게 내주게 되었다. 이런 사건이 있은 다음 미성숙한 어린 여아를 보호한다는 의미로 처녀막을 해치지 않도록 조심하게 되었다고 한다.

그러나 그 후 가부장적 사회체제가 강화되면서 처녀막은 여인들의 순결을 강요하는 수단으로 변화하게 되었다. 첫날밤 신부가 순결하지 않다는 사실이 밝혀지면 혼인 자체가 무효가 되는 수가 생겼다. 혹은 신랑이 순결하지 못한 신부를 받아들이는 대신 신부 집에서 일종의 보상금(panoproiki)을 받는 경우도 있었다.

정교를 국교로 하는 그리스에서는 세례, 결혼, 장례 등 거의 모든 큰일이 교회에서 이루어진다. 그런데 1982년 교회가 아닌 다른 곳에서도 할 수 있는 민간 결혼식[politikos gamos(civil marriage)]이 법적으로 인정되게 되었다. 그러나 사회의 관습이나 부모들의 소원에 따라 아직도 교회에서 하는 종교적 결혼식이 민간 결혼식보다 많은 비중을 차지한다. 통계에 따르면, 1983년 아테네 지역의 전체 7,400건 혼인에서 6,200건이 종교적 결혼식, 1,200건이 민간 결혼식이며, 1984년에는 전체 8,000건 가운데 7,200건이 종교적, 800건이 민간 결혼식이었다.

8. 생일

그리스 사람들은 생일 축하 풍속이 우리와는 참 다르다. 무엇보다 생일은 각자가 태어난 날을 기리는 것이 아니라, 세례를 받을 때 지어 받은 자신의 이름과 연관되는 성자(녀)들의 축일로 한다. 그러니 많은 사람들이 같은 날 생일을 맞는다.[1]

또 생일을 맞는 사람이 가까운 지인으로부터 선물을 받기도 하지만, 그보다는 주로 생일을 맞는 사람이 사탕이나 단 과자를 사서 주변 사람들에게 나누어 주며, 대부분 사람들은 그냥 과자를 받아 먹고 축하하는 것으로 족하다. 형편에 따라 단 과자가 좀 고급스럽기도 하고 그렇지 못한 경우도 있지만, 그 어느 쪽이나 경제적 부담은 거의 없다. 주는 이나 받는 이나 가벼운 마음으로 건네고 또

---

1) 참고로 각 달에 배정된 축일 관련 이름 종류의 수는 다음과 같다.
1월(74), 2월(59), 3월(75), 4월(30), 5월(77), 6월(70), 7월(66), 8월(84), 9월(131), 10월(79), 11월(88), 12월(93).
다음은 생일과 연관되어 많이 쓰이는 축일의 예이다.
1월: 6일(포티니, 포티스, 파니), 7일(이아니스, 존), 23일(디오니소스), 25일(그레고리, 조지, 마가렛),
2월: 6일(포티스), 26일(포티니)
3월: 12일(파니), 15일(그레고리, 조지), 18일(에드워드)
4월: 10일(헤라클레스, 호머[호메로스], 소크라테스), 21일(야누스, January), 30일(아곱, 제임즈)
5월: 11일(올림피아), 21일(헬렌)
6월: 15일(모니카), 29일(파블로스, 폴, 바울)
7월: 25일(올림피아스)
8월: 12일(포티스), 15일(메리, 마리아)
9월: 1일(판도라, 사포), 4일(모세스), 17일(소피아), 23일(이리스)
10월: 19일(클레오파트라), 21일(소크라테스), 26일(디미트라)
11월: 1일(다비드, 디오니소스), 18일(플라톤), 21일(버지니아)

축하의 말을 듣는다.

이런 것은 말 안 해도 주변 사람들이 미리 알아서 생일을 챙겨주고, 또 주변에서 안 챙겨주면 생일 맞은 사람이 서운해하는 우리네와는 너무 다르다. 특히 남의 집 며느리가 되면 시집 식구의 생일을 잊어버리는 결례를 안 하려고 여간 신경 쓰는 것이 아니다. 또 언제나 그런 것은 아니지만 생일은 발 빠른 아랫사람들이 윗사람에게 '잘 보이는' 기회가 되기도 한다. 아무튼 아이나 어른이나 자신의 생일이 되면 은근히 바라는 마음도 생긴다. 이런 형편이니 어떤 사람들은 생일을 일부러 드러내기 쑥스러워 쉬쉬하고 지나 버린다. 혹 주변에 부담을 주지나 않을까, 뭐 바라는 것처럼 보이지나 않을까 해서이다.

이렇게 다른 두 풍속 중에서 어느 것이 더 좋다는 말은 쉽게 하기 어렵겠지만, 참 중요한 것은 그리스 사람들이 자기 이름을 통해 생긴 생일을 남에게 적극적으로 드러내고 또 축하받기를 좋아한다는 점이다. 그들은 인간관계에서 덜 권위적이다. 이 세상에 태어나서, 하다못해 단 과자 하나라도 남에게 봉사해야겠다는 생각인지도 모른다.

9. 사망

다른 곳과 마찬가지로 그리스에서도 사망의 형태는 여러 가지이다. 방 안에서 맞이하는 죽음이 있는가 하면, 터키의 압제를 받던 시절 산속에 숨어서 저항하던 게릴라들이 맞는 죽음이 있다. 또 기

::사라카차니 유목민의 이동식 주거지

독교 초기 시절에는 기독교 순교자들도 있었다.

사람은 다년을 사는 식물처럼 태어났다가 죽는 것으로 생각되기도 했다. 인간이 갖는 두 측면, 즉 죽음과 삶은 한 존재가 갖는 두 가지 측면이라고 하겠다. 사후의 세계를 믿지 않는 농부들도 적지 않다.

낙소스의 아피란토스에서는 사람이 죽으면 교회의 종을 울리고 소식을 알린다. 그러면 마을 사람들이 죽은 자의 집에 모여서 통곡을 하고 죽은 자를 위로하는 장송곡을 읊는다. 죽은 자가 아주 나이가 많으면 통곡을 하거나 장송곡을 읊지 않는다.

매장을 하기 전에 교회 신부가 와서 망자를 대동하고 마을 전체를 돈다. 그런 다음 교회로 들어와서 다시 장송곡을 읊는다. 교회

옆에 있는 묘지에 죽은 자를 묻기 전, 혹은 묻은 직후에 문상객들은 모두들 집이나 교회의 한곳에 마련된 공간에서 단 과자나 커피 등 음료수를 마신다.

그리스 중부 산 속에 살며 계절을 따라 이동하는 유목민 '사라카차니 (Sarakatsanoi 혹은 Sarakatsanaioi)'들은 나름의 독특한 관습을 가지고 있었다. 젊은이가 죽으면 여인네들은 5년 동안 애도를 표하고, 머리에서 발치까지 모두 검은색을 둘렀다. 예전에는 2년 동안 겉옷 상의와 치마를 안이 바깥으로 나오도록 거꾸로 입었다. 죽은 자가 노인이면 3년 동안 애도한다. 1년 동안은 새벽 여명이 열리고 닭이 울 때 한 시간 동안 소리를 지르고 가슴을 친다. 오후가 되어 해가 질 녘이면 다시 그렇게 한다. 그렇게 한 해가 지나면, 망자가 노인인 경우 하루에 한 시간만 애도한다. 젊어서 죽으면 6개월 동안 집안의 모든 여인들, 즉 망자의 어머니, 처, 누이, 자식들은 집에서 애도한 다음 아무리 멀리 있어도 다시 교회로 가서 애도를 한다. 일부 지역에서는 이런 의식에 여자들만 참여하고 남자들은 하지 않았다고 한다.

임종 시에 교회 신부가 마지막 성사를 베풀기 전에 죽음을 맞는 자의 옷을 갈아입힌다. 그런 다음 집안 식구들이 둘러앉아서 기도를 드린다. 올리브 가지와 물 한 컵을 준비하고, 가지를 물에 적신 다음, 죽음에 임한 자가 주위에 모인 사람들에게 각각 머리 위로 십자성호를 그리며, '내 기도를 받아 당신의 죄가 용서받기를…'이라고 말한다. 미코노스와 카르파토스 섬에서는 죽음에 임한 자가 사람들에게 물과 소금을 뿌리면서 '소금이 녹듯이, 내 저주가 녹아 없어지기를…' 하고 말한다. 사람이 나이가 들면 스스로 죽음을 청하는 경우도 있다.

::**카스토리아**(그리스 북부 마케도니아 오레스티아다 호수를 끼고 있다)

사람이 숨을 거두면, 시신을 정돈하여 꾸민다. 크레타 섬 동부의 관습에 따르면, 두 엄지손가락에 물을 바르고 땅의 흙에다 문지르면서 '그대를 키웠던 이 땅이 그대를 땅으로 거두어들이오. 이제 이 손가락들과 함께 그를 덮으리라'라고 말하고, 망자의 눈을 감긴다.

그리스 본토의 카스토리아와 그 밖의 지역에서는 누가 죽으면 곧 손수건 하나를 계단 난간에 묶는다. 이것은 '악운을 막기 위한 것'인 동시에 죽은 자가 집안의 행운을 지니고 떠나가지 못하도록 하려는 것이다. 또 실이나 노끈으로 망자의 키를 재어서 집문 위쪽 벽에 난 구멍에다 끼워두기도 하는데, 이것도 망자가 집안의 행운을 가지고 떠나지 못하도록 하는 것이다. 또 망자를 생전에 보살필

때 쓰던 접시나 항아리들을 깨는데, 이는 카론(저승사신)이 집안의 다른 이들에게 접근하지 못하도록 하기 위함이다. 망자의 행렬이 마을을 지나서 갈 때는 이웃들이 대문과 창문을 닫고 옷을 끈으로 묶어 여민다. 이런 것도 카론이 들어오지 못하도록 하려는 것이다.

10. 장례식에 즈음한 우리의 부조문화와 그리스의 기부문화

그리스에서의 장례식은 우리와 다른 점이 있다. 3일장, 7일장 같은 것이 없고 사망한 다음 날 바로 매장을 한다. 또 사망한 사람의 유가족에게 부조를 하지 않고 대신 사망자를 추모하며 각종 복지

::교회 뜰 안에 마련된 묘지

재단에 그 이름을 적어 기부금을 보내는 것이 그러하다.

　그리스에서 사람이 사망하면 바로 그다음 날에 장례를 치르는 것은 주변 사람들에게 사망 사실을 알리는 데 하루면 족하다는 뜻이다. 혹 늦은 밤중에 사망하는 경우에는 자연히 날이 새는 대로 지인들에게 알려야 하니 다시 그다음 날에 장례를 치르게 되는 경우가 있다. 이런 경우 새벽에 사망하면 그 이튿날 장례식을 치르는 것이 되고, 자정 이전에 사망하면 우리 식으로 말하는 3일장이 되게 되는 것이다. 날수에 따른 일정한 격식을 두지 않고 사망하면 바로 그다음 날로 매장을 하는 것이 관습이다.

　사망자를 기려서 모이는 조문객들은 꽃다발을 만들어 바친다. 그런데 꽃다발이 너무 많아도 처치 곤란이므로 많은 사람들이 시

:: 교회 뜰 안에 금방 만든 묘지(왼편). 머리맡에 켜진 등불이 보인다.

들어 없어지는 꽃다발보다는 더 의미 있는 일이라 생각하고 꽃다발 값을 사회복지재단에 기부를 한다. 사망자의 이름을 적고 약간의 돈을 넣어 고아원, 양로원, 그 외 여러 복지재단에 보내면, 그 돈을 받은 재단에서는 그 뜻을 편지에 담아서 유가족에게로 보낸다. 돈이 유가족에게 전달되는 것이 아니므로, 유가족에게는 명예만 남는다. 가족 일원인 사망자의 이름이 온갖 사회복지재단에 전달되기 때문이다.

장례식 때 유족에게 돈을 건네지 않는 것은 이미 사망한 자에게는 따로 돈이 쓸모가 없다는 뜻이 되겠다. 이런 점은 결혼식 때 신랑 신부를 위하여 선물을 전해주는 것과 대조적이다. 장례는 소박하게 이루어지므로 특별하게 목돈이 많이 들어갈 곳이 없는 듯 하다. 교회 신부들이 간소한 기도회를 주관한 다음 바로 매장하고 교회의 한 실내 공간에서 조문객들은 단 과자 등 약간의 음식을 받아먹는다. 대개 앉을 자리를 따로 마련하지 않고 선 채로 받아서 먹고 서로 위로의 말을 나눈 다음에 헤어진다.

정교(기독교)가 국교인 그리스는 특별히 다른 종교를 갖고 있는 것으로 신고하지 않으면 거의 정교도로 간주된다. 그래서 장례식도 정교회에서 소박하게 이루어지고 바로 교회당 안 공동묘지에 매장된다. 그 묘지는 교회와 함께 마을의 주거 공간 내에 위치하고 저 떨어진 산속에 있지 않다. 묘지가 있는 교회의 담장 옆에는 여느 가정집이 잇대어 있다. 산 자와 죽은 자가 정겹게 한 자리에 이웃하고 있는 것이다.

매장을 하고 난 다음 그 위에는 꽃다발을 얹고 나무 받침대 위에 장식된 큰 꽃다발은 매장한 곳 위에 차례로 세워둔다. 그 머리맡에는 조그만 등불을 켜두고 향을 피운다. 이렇게 49일이 지난 다음 사망자를 매장한 곳 위에 대리석으로 사각의 무덤을 쌓아올린다. 이것은 1년째 할 수도 있고 형편에 따라 한다.

우리 속담에 정승의 말이 죽으면 사람들이 많이 오고, 정승이 죽으면 오지 않는다는 말이 있다. 권세가 있으면 혼례나 장례식에 사람들이 들끓고 그렇지 않으면 한적한 것은 고금동서를 막론하고 유사하다고 할 수도 있겠고, 또 그때 드리는 예물은 사망한 사람보다 살아 있는 사람 사이의 사회적 관계에 영향을 미치는 점이 전혀 없다고는 하기 어렵겠다. 그런데 그리스의 장례에서는 예물로서 꽃다발을 제외하고는 유가족에게 주어지는 것이 없으므로 그런 부작용이 줄어든다. 오히려 마음으로 사망한 사람을 기리면서 사회복지재단에 기부를 하므로, 예물을 받음으로써 느끼는 유가족의 심적 부담도 덜어지고 예물을 주는 사람의 마음도 한결 흡족해진다. 사망을 계기로 하여 살아 있는 사람 간에 어떤 사적인 유대감이 형성되는 것이 아니고 재물이 왔다 갔다 하는 것도 아니고, 그 명복만을 기리면서 사회적 기금이 형성되는 것이다.

십 년 전 우리가 경제위기를 맞아 부득이 국제통화기금(IMF)의 도움을 받은 적이 있다. 그때 우리나라에서는 일가족이 동반 자살한 사태가 몇 번 있었던 것으로 필자는 기억하고 있다. 그리스도 지금 국가부도의 위험에 처하여 국제통화기금과 유럽연합(EU)의 도움을 받게 되었다. 그런데 그리스에서는 우리와 같은 가족 동반 자살 사태는 거의 발생하지 않는다고 한다. 한 그리스 지인의 말에 따르면 어디든 밥을 얻어먹을 데는 있다고 하는 것이 각종 사회복지재단을 두고 하는 말일 것이다. 지금 생각해보니, 복지재단의 기금이 우리보다 더 풍족할 것이라는 생각이 든다. 매일같이 사람이 태어나고 죽어 가는데, 사망자가 날 때마다 조문객들이 각기 선택하는 복지재단으로 다소간에 기금을 보내니 자연히 그 재단에서는 힘들여 구걸하지 않아도 가용할 돈이 생기는 것이다.

참고문헌

Alexiou, M., *O Teletourgikos Thrinos stin Elliniki Paradosi*. Athina, 2008.

Barbounis, M.G., Opseis kai Morphes tou Ellinikou Paradosiakou Politismou. Athina, 2001.

Bazouras, A., *Ethima kai Kratos eis tin Neoteran Ellada*. Athina, 1974.

Meraklis, M.G. *Elliniki Laographia*. Athina, 2004.

Oikonomidis, D.B., *Ethnologika-Laographika*, II. Athinai, 1988.

Papadopoulos, A.P., *Oi Laïkes peri Thanatou Doxasies kai ta Taphika Ethima ton Ellinon apo ton Omiro mexri Simera*. Thessaloniki, 2007.

이탈리아의 금기와 에티켓

김희정*

사회생활의 모든 경우와 장소에서 취해야 할 바람직한 행동 양식을 '에티켓(etiquette)'이라 하고, 사회적·종교적 관습에서 어떤 대상에 대한 접촉이나 언급이 금지되는 일을 '금기(taboo)'라 칭한다.

국제화, 세계화 시대를 맞아 어느 때보다도 국가와 국가 간의 교류뿐만 아니라 개인 간의 국제 교류가 빈번해지면서, 더불어 살면서 지켜야 할 에티켓과 피해야 할 금기의 중요성이 날로 높아지고 있다.

문화 상대주의란 세계 문화의 다양성을 인정하고 각 문화는 문화의 독특한 환경과 역사적·사회적 상황에서 이해해야 한다. 이는 사회의 환경과 맥락을 고려하여 문화를 판단하며, 어떤 문화요인도 나름대로 존재이유가 있다는 견해다. 지중해와 같이 다양한 문화가 모자이크처럼 펼쳐진 공간에서는 더욱더 저마다의 특수한 문화가 존재한다. 이런 다양한 문화를 올바르게 이해하기 위해서는 상대의 입장에서 이해하려는 태도가 필요하다.

---

* 부산외국어대학교 지중해지역원 HK연구교수, 이탈리아 문학전공, 이탈리아문학박사, Università Cattolica del Sacro Cuore di Milano, Italy.

우리가 먹는 음식, 특히 '고기'만 봐도 여러 사회문화의 접점을 가늠해 볼 수 있다. 나라별, 민족별로 각각 독특한 문화로 전수되어 유지되고 있는 것이 '고기'다. 인도에서는 미증유의 훌륭한 단백질 공급원인 '비프스테이크'가 대로를 활주하며 유유히 풀을 뜯고 있음에도 불구하고, 옆에서는 굶주린 민중들이 주린 배를 움켜쥐고 '암소'를 숭배하며 죽어 가고 있다. 유대인이나 이슬람교도들은 '돼지고기'를 극도로 증오하고 기피하는가 하면, 뉴기니와 남태평양 멜라네시아 군도의 원주민들은 '돼지고기'와 침식을 같이하며 돼지를 숭배하기도 한다. 유대나 이슬람 국가에서 기꺼이 '돼지고기'를 먹는 것은 '금기'가 되겠지만, 인도에서 정성껏 차려진 '고기'를 맛있게 먹는 것은 좋은 '에티켓'일 것이다.

지역 간, 국가 간의 제약은 사라지고 상호교류가 활발히 이루어지고 있는 오늘날, '에티켓'과 '금기'의 관점에서 문화상대주의를 이해함으로써, 지중해 문화의 교섭 공간을 마련해 보도록 한다.

1. 이탈리아 축제와 금기

1) 이브레아 카니발(Carnevale di Ivrea)[1]

이브레아 카니발은 매년 2월경 토요일부터 화요일까지 3일에 걸쳐 행해지는 행사로, 축제 마지막 날에 본격적인 오렌지 전투가 시

---

1) 이 부분은 『지중해의 일상과 축제』(지중해지역원 저, 2010, 이담, pp. 125-127)에서 일부 발췌하여 수정한 내용임.

작된다.

　축제는 일상생활에서 지켜야 했던 '금기'로부터 탈출할 수 있는 하나의 해방구와도 같은 것이다. 사실 오렌지 전투의 기원 자체가 중세의 '초야권', 즉 신부가 결혼 전날 신랑이 아닌 다른 사람(성주나 귀족 신분)에게 몸을 바치는 '터부'를 타파하기 위해 시작된 것이다. 오래전 처녀 비올레타(Violetta) 역시 초야권을 치르게 되어 성주의 성으로 들어가지만, 그녀는 성주를 죽이고 그의 목을 잘라 성 벽에 걸었다. 그녀의 용기에 힘을 얻은 마을주민들은 그동안의 억압과 고통에서 벗어나기 위해 봉기를 일으켜 자유를 만끽하는데, 오렌지 전투는 이 사건을 기념하기 위한 것이다. 이를 계기로 오렌지 마차와 투구를 쓰고 다니는 사람들은, 각각 포악한 성주와 병사들을 상징하는 9팀의 영주군과 그들에게 맨몸으로 맞서는 이들은 아홉 팀의 시민군을 상징하며, 이 두 집단 간의 투쟁을 보여

주는 것이 오렌지전투다. 상대방을 향해 인정사정없이 오렌지를 집어 던지는 이 축제는 스페인의 토마토 축제와는 달리 단단한 오렌지를 이용하기 때문에 부상자가 속출해서 앰뷸런스가 상시 대기한다. 그러나 '자유를 위한 전투'를 상징하는 이브레아 오렌지축제에 참여하는 사람이 해가 갈수록 늘어나는 것은, 바로 스트레스를 푸는 그야말로 축제의 참 의미를 지니기 때문이다.

오렌지 전투축제에서 눈여겨 볼 또 하나의 사항은 빨간 모자를 뜻하는 '베레토 프리지오(Berretto Frigio)'이다. 오렌지전투 축제 때 이 모자는 전투 중 중립을 상징하므로 헬멧을 쓰지 않은 관광객이나 시민들이 수없이 날아드는 오렌지를 피할 수 있는 유일한 도구라 할 수 있다.

이렇듯 축제란 일상적인 억압적 질서나 권위, 금기로부터 벗어나 마련된 장치 안에서 누리는 일탈이기에, 하나의 활력소가 되는 것이다. 축제를 통해 일상생활에서 깨지기 어려운 금기들이 자연스럽게 해소되며, 공동체적 질서가 회복되기에 이른다. 3일 동안 매일같이 대략 350톤의 오렌지가 소비될 정도로 격렬한 축제지만, 이 기간은 도시 전체가 오렌지 향으로 덮여 지중해를 마음껏 음미할 수 있는 기회가 되기도 한다.

2) 부활절-고행자들 몸에 행해지는 시가행진

부활절은 잘 알다시피 그리스도의 부활을 기념하는 날로, 교회력 가운데 가장 오래된 축일이다. 부활절 기간 행해지는 여러 행사 중 이탈리아 전역에서 성모 마리아에게 봉헌하거나 그리스도의 죽음을 애도하는 행렬이 이어진다. 오랜 시간이 걸리는 순례행진은 그리스도의 고난의 길을 상징한다. 특히 이 순례행진은 흉내 내기를 좋아하는 이탈리아 사람들의 자랑거리로 부활절 전날 벌어지는 시가행진을 뜻한다. 이탈리아 남부 타란토 지방에서는 그리스도를 십자가에 못 박은 것을 회개하는 뜻에서 두건을 쓴 고행자들이 자기 몸에 채찍질을 하며 시내를 행진한다. 특히 시칠리아의 경우, 성 목요일에 각 성당마다 다양한 제단을 만들어, 시민들은 사는 곳과 가까운 성당을 찾아 제단에 기도를 드리고, 순례행진을 이어간다. 비탄에 젖어 검은 예수 상을 들고서 찬양하는 행진은 예수 수난극을 묘사하는 것이다. 행진을 할 때 고행을 재현하는 사람에게 웃음을 보이거나 신체 접촉을 시도하는 것은 회개를 액으로 막는 행위로 간주되어 금한다.

2. 이탈리아 결혼, 장례와 금기

1) 결혼풍습

    신부의 집 근처에 있는 성당이나 교회에서 결혼을 올리며, 보통 신랑은 검은색이나 청색 계통의 정장을 입고 신부는 흰색의 웨딩 드레스를 입는다. 결혼식 전에 신랑, 신부는 구청에 가서 결혼 성립에 필요한 서류를 제출한 뒤 교회로 사제를 만나러 간다. 결혼식

날 친척들과 친구들은 각기 신랑과 신부의 집을 방문하여 간단한
식사를 같이 한 다음 사진촬영을 마치고 교회로 향한다. 결혼식 전
신랑은 웨딩드레스를 입은 신부의 모습을 볼 수 없는 것이 관례다.
결혼식 당일 교회로 들어서는 신부는 아버지와 입장한 다음 신랑
의 왼쪽에 가서 무릎을 꿇는다.

　결혼식이 끝나면 신랑, 신부는 가족이나 친지들과 사진촬영을
한 후 친구와 친지들이 뿌려주는 쌀이나 사탕 세례를 받게 된다.
이어서 신랑, 신부는 꽃과 흰색의 리본으로 장식된 차를 타고 시내
를 돌게 되는데 그 뒤를 신랑, 신부의 친구들이 자동차 경적소리를
요란하게 내며 행렬을 이룬다.

　피로연은 유명식당이나 호텔, 성, 빌라에서 한다. 신부의 어머니
가 신부가 태어났을 때 빚어놓은 포도주를 개봉하여 하객들을 대

접한다. 신랑은 뜨개질을 하거나 그릇을 닦고, 신부는 카드놀이를 하거나 신문을 보는데 이는 서로가 하는 일을 바꾸어 봄으로써 상대방이 하는 일을 알 수 있는 기회를 주는 것이다. 웨딩케이크를 자른 후에는 콘페티(Confetti)라는 작은 돌멩이처럼 생긴 사탕을 상자에 넣거나 예쁘게 장식해서 신랑이 은쟁반에 들고, 신부가 그 옆에서 돌아다니며 하객들에게 인사하며 나누어 준다.

2) 결혼과 관련된 미신

이탈리아 신부는 '새 것, 헌 것, 파란 것, 빌린 것' 네 가지를 지니고 결혼식을 치른다. 파란색 물건으로 가장 많이 사용되는 것이 스타킹을 고정시켜 주는 밴드다. 이는 영국 풍습("Something old, something new, something blue, something borrowed")에서 유래된 것이다. 그리고 결혼을 앞둔 신부가 직접 웨딩드레스를 만들면 불운이 온다고 믿는다. 또한 결혼식 전에 완전하게 웨딩드레스를 차려 입고 거울 앞에 서는 것 역시 액을 가져온다고 생각한다. 따라서 이탈리아 예비신부는 장갑 한 짝을 빼거나 신발 한 짝을 벗은 채 옷을 입고 거울에 모습을 비춰 결혼식의 마지막 단계를 준비한다. 그리고 면사포는 오래될수록, 남이 사용한 헌 것일수록 좋다고 여긴다. 특히 행복한 결혼생활을 유지하고 있는 지인의 면사포는 자신의 결혼생활의 수호신이 된다고 믿는다. 마지막으로 결혼 행진도 중요한데, 신부는 반드시 집을 나서거나, 식을 올리기 위해 교회로 입장할 때 오른발을 먼저 움직여야 한다는 미신이 있다.

3) 이탈리아의 화장(火葬) 문화

이탈리아는 지중해 중심 국가답게 지중해 장묘문화 발상지로 꼽힌다. 이탈리아 장묘제도를 한눈에 알 수 있는 곳이 지중해 문화권의 중심인 로마 시(市) '티브르티나' 가(街)에 있는 '로마시립묘지(Comune di Roma Cimitero, 코뮤네티 로마 치미테로)'이다. 이곳은 이미 1천여 년 전부터 로마인들의 공동묘지였다. 시립묘지 중앙에는 국교인 로마 가톨릭교회가 자리 잡고 있다. 로마 가톨릭은 원래 인간의 몸에 영혼이 깃들어 있다고 보아 화장을 인정하지 않았다. 그러나 서기 80년대 들어 교황이 화장도 교리에 어긋나지 않는다고 공표했다. 이후 이탈리아의 화장 선호도가 서서히 늘고 있다.

고대 로마의 문호였던 '베르길리우스'가 "전쟁기간 중에 전사자들을 화장할 수 있도록 12일간의 휴전 기간이 있었다"는 기록을

남겼듯 로마의 화장 문화는 뿌리가 깊다. 당시엔 둥근 천장의 '콜롬바리움(지하납골무덤)'이 수지맞는 사업이었다. 그러나 기원 후 100년 즈음에 로마제국은 화장을 금했다. 기독교의 영향력 때문이었다. 기독교는 화장을 금기시하지는 않았으나 권장하지도 않았다. 화장이 이교도적이며 육신의 부활 및 영혼과의 재결합을 방해할지도 모른다는 우려에서였다.

더구나 화장용 장작을 마련하기 위해 '콜롬바리움' 업자들이 야산에서 땔나무를 마구 벌채하면서 산림이 황폐화되어, 국토관리 차원은 물론 경제적인 측면에서도 금지되어야만 했다. 다시 화장 장묘법이 고개를 든 것은 1656년 흑사병이 유럽 전역을 휩쓸고 난 직후였다. 당시 나폴리에서만 단 1주 동안 6만 구의 시신이 불태워졌다.

이때부터 화장에 대한 국민들의 인식도 크게 바뀌기 시작했다. 현재 로마시립묘지에 근무하고 있는 350여 명의 직원들은 한결같이 가격표를 휴대하고 화장이 매장에 비해 적은 비용이 든다는 사실을 홍보하고 있다. 이탈리아의 지방자치제는 철저해서 망자가 자신이 사망한 곳에서 다른 지방으로 운구되는 거리가 100km를 넘을 경우엔 철제 관을 나무 관으로 덮은 이중 관을 사용하도록 정하고 있다. 전염병 등으로 사망했을 경우에 대비한 것이다.

이탈리아에서 묘지의 위치를 결정하는 데 가장 먼저 고려되는 것은 위생적인 측면이다. 고대 로마인들은 무덤을 불결하고 위험한 것으로 생각해 로마 성 밖에 묘지를 만들었다. 이탈리아를 포함, 지중해 연안 국가들은 6세기 이후 인구가 크게 늘면서 종교단체가 성곽외부에만 매장을 했다가는 시내가 묘지에 둘러싸이고 만다는 정치권의 고민을 덜기 위해 도시 내 교회장원에도 묘지를 안치하기 시작했다.

하지만 18세기 중반이 되자 교회 부속묘지마저 수용한계를 넘어섰고 시 안팎에 더 이상 매장을 위한 적절한 공간이 남아 있지 않았다. 더욱이 당시 납골당으로 이용되던 지하 동굴묘지(카타콤베, Catacombe)는 사람들에게 질병을 옮기는 직접적인 장소로 인식되었다.

이탈리아도 마찬가지지만 유럽에서 화장에 대한 관심이 나타나기 시작한 것은 1874년 영국 빅토리아 여왕의 주치의인 '헨리 톰슨' 경이 『화장-육신의 사후 처리』를 출간하면서부터로 알려졌다. 그는 매장 풍습에 대해 불만을 갖고 있던 사람들을 규합, 영국화장협회를 조직했다.

영국에서는 '톰슨' 경의 노력에 힘입어 1884년에 비로소 화장이 합법적이라는 판결을 받았고, 이는 유럽 전역으로 화장이 확대되기 시작한 계기였다. 의외로 화장에 대한 반대의견은 법조계에 남아 있었다. 화장이 자칫 범죄를 은폐시킬 가능성이 있다는 주장이었다. 그러나 이도 검시기술의 발달로 설득력을 잃었고, 오늘날에는 유럽 거의 전역에서 화장이 보편화되는 추세다. 이 같은 배경 외에도 로마시민들은 원래 기원전부터 화장 문화를 선호했다.

고대 로마에는 "전쟁 기간 중에 전사자들을 화장할 수 있도록 12일간의 휴전기간을 가졌다"는 기록이 있다. 이탈리아인들의 장례관습은 애초 화장이었다는 것을 보여 준다. 고대 로마시대에는 둥근 천장의 콜룸바리움(지하납골무덤)이 인기 있는 사업 중 하나였고 그런 전통은 오히려 프랑스 등 인근 나라에 남아 있기도 하다.

3. 이탈리아 일상생활과 에티켓

(1) 자신의 귀를 만지면 상대방을 모욕하는 행동이라고 생각한다. 서양에서는 흔히 인간의 귀를 칭찬의 상징으로 묘사하는 일은 드물었다. 다른 동물과 유사한 거대하며 이형의 귀를 추하다고 보는 사고방식이 각지에 있었다. 야훼가 만든 최후의 악마 비히모스는 코끼리 같은 귀와 안모를 가진 추형으로, 스스로도 외모를 포기할 정도였다. 메피스토펠레스의 귀는 당나귀 같으며, 셰익스피어 『한 여름 밤의 꿈』의 파크 등은 뾰족하고 긴 귀를 가졌다. 이런 문화적 배경으로 특히 이탈리아에서 귀를 만지는 것은 "너의 말이 인간소리로 들리지 않는다"라는 뜻을 내포하는 것으로 여긴다.

(2) 이탈리아는 공중화장실이 많지 않기 때문에 Bar나 음식점의 화장실을 이용해야 하는데, 그곳에서 식사나 음료를 마신 것이 아니라면 반드시 요금을 지불해야 한다. 이탈리아 사람들도 외출 시 늘 동전을 가지고 다니며 급한 볼일을 해결한다.

(3) 대화를 이어 나갈 때 상대방의 이야기에 얼마나 적극적인 청자가 되느냐에 따라 자신의 교양지수가 결정된다. 특히 상대방의 인격을 존중하는 의미로 청취하며, 조금이라도 문제가 될 만한 주제(정치, 종교 문제 토론 시)의 경우 반대 의견을 내는 대신 웃음으로 마무리 짓는다.

(4) 이탈리아는 국가 통일의 역사가 120여 년에 불과하여 곳곳에

아직도 각 지방 고유의 특색이 남아 있다. 일명 이런 지역성을 '캄파닐리즈모Campanilismo'라 하여, 국가관이나 시민권의 자각이 결여되어 있는 반면 국가보다는 지역사회, 지역사회보다는 가족 지향적인 특성이 강한 일면을 상징한다. 그렇기 때문에 이탈리아 사람에게 출신을 물을 때는 국가 명칭을 기대하지 말고, 태어난 도시에 초점을 맞추라. 그들은 이탈리아인이기 이전에 '밀라노 사람', '피렌체 사람'이라고 불리는 것을 더 좋아한다.

(5) 이탈리아의 호칭예절로서, 예절을 갖추어 상대방을 호칭할 때 미혼 여성과 기혼 여성에게 각각 '시뇨리나(Signorina)', '시뇨라(Signora)'로 호칭하며 남성에게는 공히 '시뇨르(Signor)'라고 한다.

(6) 면접이나 사회활동 시 대화를 할 경우 상대의 눈을 응시하지 않으면 꼼수를 부리고 있다고 오해받기에, 더 이상의 관계 진전이 힘들다. 뭔가를 숨기고 있다는 인상을 남겨 신뢰도가 깎이는 중요한 부분이니 눈을 피하며 대화해서는 안 된다.

(7) 선물을 받을 경우 선물을 준비한 사람 바로 앞에서 펴보는 것이 예의다. 펴 본 후 양쪽 뺨에 입을 맞추며 감사의 표현을 한다.

(8) 남녀가 함께 승용차에 오를 때에는 여성이 먼저 탄다. 내릴 때에는 남성이 먼저 내려서 여성이 원할 경우 문을 열어주는 등 하차를 돕는 게 예의다.

(9) 승용차 내부의 좌석 서열은 보통 뒷자리 오른쪽(운전석 대각선 방향)이 제1석이며, 그 왼쪽 창가가 제2석, 가운데가 제3석이다. 운전기사가 없는 자가운전승용차라면 한 사람이 동승할 경우 운전석 옆자리에 앉는 것이 통례, 여러 사람일 때에는 최연장자가 운전석 옆자리에 앉는다.

(10) 엘리베이터 사용 시 손윗사람이나 여성이 먼저 타고 내린다. 엘리베이터 내부에서의 상석은 엘리베이터로 들어갈 때 왼편 안쪽 자리다. 엘리베이터에서는 여성이 타고 있을 경우 남자는 모자를 벗는 게 예의다.

(11) 이탈리아인들은 13만큼 17도 불길하게 여긴다. 17은 로마 숫자로 XVII로 쓰는데, 글자 순서를 바꾸면 VIXI가 된다. 이것은 라틴어로 "나는 살았다"라는 뜻이기 때문에, 순서를 바꾸기 전인 XVII는 반대 뜻인 "나는 죽었다"가 되어 불운을 상징하는 숫자가 된다.

4. 이탈리아 음식과 금기 그리고 에티켓

(1) 전 세계에서 그 종류와 질을 가늠하기 힘들 정도로 다양한 장갑을 생산하는 곳이 이탈리아다. 모든 면에서 아름다움을 추구한다는 일명 '벨라 피구라(Bella figura)'를 위해 특히 신경 쓰는 액세서리 중 하나가 장갑일 만큼 손에 대한 관심은 두드러진다. 이는

본디 식생활과 관련된 것으로, 감자튀김이나 뼈를 빼지 않은 고기, 빵 등 손으로 먹는 많은 음식 때문에 항상 손의 청결에 주의해야 한다. 장소를 옮길 때마다 손을 닦는 매너를 잊지 말아야 한다.

(2) 식사 도중 식탁에서 손을 식탁 밑으로 내리지 않으며 팔꿈치를 식탁 위에 올려놓지 않는다. 이는 무기를 몸에 지니고 있었던 중세 때 상대방에게 공격의 의미가 없음을 보여 주는 과거 예의의 잔재로 상대방을 배려하는 하나의 몸짓이라 할 수 있다.

(3) 공동의 큰 접시에 담겨져 나온 음식에서 원하는 부위를 고르기 위해 뒤적거리며 가져오는 것은 큰 실례이다.

(4) 이탈리아인들의 식탁 위에는 기본적으로 오일과 소금이 놓여 있는데 필요할 때는 본인이 직접 가서 가져다 먹는 것이 예의 있는 행동이다. 옆 사람에게 좀 전달해 달라는 정중한 표현 역시 이탈리아 식탁 에티켓에 어긋난다고 여긴다. 한 테이블에 앉더라도 나의 영역도 침범당할 수 없고, 남의 영역도 침범할 수 없는, 제각기의 고유 커트러리(cutlery, 식기) 영역을 보여 주는 곳이 식탁이다.

(5) 식사 중 가장 주의해야 할 것은 '소리 내서 먹지 않는 것'이다. 이탈리아에서 음식 먹을 때 쩝쩝 소리를 내는 것은 '당신과 나는 오늘로 마지막이다'란 경고와 상통한다.

(6) 이탈리아인들은 전통적으로 가족 간의 유대감이 매우 강하기 때문에 가족 간의 식사나 모임을 대단히 중요하게 생각한다. 만약 이탈리아 가정에 식사초대를 받아 방문을 한다면 빈손으로 가는 것은 큰 실례다. 직접 만든 음식을 가지고 가는 것은 가장 큰 감사의 표현이며, 꽃이나 초콜릿, 와인 등의 후식을 준비해 가는 것이 좋다. 준비해 간 선물은 집에 들어서자마자 안주인에게 전달하는 것이 예의다.

(7) 식사 도중에 트림을 하거나 음식을 남기는 것은 좋지 않다. 생리 현상으로 자제가 힘들 경우 반드시 냅킨으로 입을 가린 뒤 고개를 숙이고 처리하던지, 잠시 고개를 돌려 시선을 분산시킨다.

(8) 이탈리아 요리에서는 주로 올리브오일과 발사믹식초 등을 많이 사용하는데 이탈리아 정식은 5가지 코스 중 3가지 코스 정도를 선택하는 것이 예의이다. 따라서 이탈리아의 카페에서 간단한 식사를 하는 경우라도, 음식을 재촉해서는 안 된다. 식사가 끝난 후 반드시 팁을 남긴다.

(9) 스파게티는 왼손에는 스푼을 오른손에는 포크를 들고 스푼 안쪽에서 포크를 시계방향으로 돌려 면을 돌돌 말아서 먹는 것이 매너다.

(10) 치아로 파스타 면을 끊어서 먹는 것은 예의가 아니며, 한번 집은 음식은 한 입에 해결하도록 한다.

(11) 리조토(Risotto)나 곡물이 나오는 음식일 경우 숟가락이 아닌 포크를 사용한다.

(12) 파스타나 피자 등을 먹을 때 파르메산 치즈가루(Parmigiano)를 뿌려 주는데 해물이 들어간 경우에는 뿌리지 않는 것이 좋다. 치즈의 향 때문에 해물 자체의 맛과 향을 제대로 즐기기 어렵다.

(13) 이태리인들이 떠들고 왁자지껄하지만 식당에서 종업원을 큰소리로 부르는 것은 삼가는 것이 좋다. 종업원이 음식을 가져왔을 때 먼저 드리고 싶은 어른이 있으면 그쪽으로 먼저 줄 수 있도록 표시하면 된다.

(14) 와인이나 물을 마시기 전에는 입속의 것을 모두 삼키고 냅킨으로 입술을 한 번 닦은 후 이를 마셔야지, 그렇지 않으면 잔에 음식물이 묻어 있어 상대가 보기에 별로 좋지 않다.

(15) 식당에 들어서서 종업원이 테이블로 안내할 때까지 조용히 입구에 서서 기다리는 것이 좋으며 타인을 식사에 초대한 경우 계산서는 손님이 보지 않도록 해야 한다. 또한 가정집에 초대되어 갔을 경우, 초대자가 자리를 미리 정해두는 경우가 있으니 앉을 자리를 안내하기 전에 미리 자리 잡는 실례는 피하도록 한다.

5. 이탈리아 공연 및 박물관 관람 그리고 에티켓

(1) 오페라와 음악회가 생활이 된 이탈리아의 경우 특히나 주의해서 지켜야 할 에티켓과 하지 말아야 할 금기가 정해져 있다. 감상할 능력이 없는 어린이(보통 6세 이하)는 동반하지 않는 게 기본 예의다.

- 공연장에서 큰소리로 떠들거나 야단스럽게 자리를 찾는 등의 행동은 금물
- 공연장에서는 휴대전화나 호출기를 꺼두거나 진동으로 전환해 둔다.
- 공연이 시작되기 전에 자기 자리를 찾아가 앉는다. 공연이 시작된 뒤에 공연장에 도착했을 경우에는 그 막(류)이 끝날 때까지 밖에서 기다렸다가 막간에 들어간다.
- 남녀 동반일 경우, 남성이 앞장서서 여성을 지정좌석 열까지 에스코트한다. 해당 좌석 열이 시작되는 곳에서 여성에게 좌석을 알려주며 먼저 앉도록 유도한다.
- 오페라 하우스의 박스석(특별석)에서는 앞줄에 여성, 뒷줄에 남성이 앉는다. 따라서 부부는 나란히 앉지 않게 되며, 주빈이 되는 여성이 무대를 바라보고 앞줄 왼쪽에 앉는다.
- 음악회의 경우 음악이 완전히 끝날 때까지 손뼉을 치지 않는 게 원칙이다. 다시 말해 악장 사이에는 박수를 삼가야 한다. 일반적으로 박수를 해야 할 때는 ① 오페라, 연극, 발레는 막이 내린 후, ② 성악은 일반적으로 3곡마다, ③ 기악곡은 마지막 악장 후에, ④ 예외적으로 오페라 아리아나 발레의 독무

(Solo)가 끝났을 때 등이다.

- 앙코르는 한두 번 청하면 대체로 받아주지만, 그렇지 않다고
  휘파람을 불며 고함을 치거나 소란을 피우면서 자꾸 청하는
  것은 실례다.
- 공연이 완전히 끝날 때까지는 자리에서 일어나지 않는다.
- 공연이 끝나면 남성은 여성이 외투 입는 것을 도와주고 난 뒤
  에 자기 외투를 입는다.

(2) 도시마다 유수한 박물관을 소장하고 있는 이탈리아의 경우 전시장
이나 박물관에서 지켜야 할 에티켓과 피해야 할 금기도 다양하다.

- 작품에 손을 대지 않는다.
- 작품에 대해 큰소리로 아는 척 떠드는 것도 실례이다.
- 안내원이 있으면 지시에 따라서 질서를 지킨다.
- 줄을 지어 관람할 경우에는 혼자 오래 서서 뒷사람에게 방해
  를 주지 않도록 한다.
- 사진촬영은 가능한지 여부를 알아본 다음에 한다.

6. 이탈리아 제스처와 금기 그리고 에티켓

(1) 상대방이 귀를 튕기는 제스처를 보이면, 이는 근처에 있는
'남자가 여자 같다'는 것을 나타내는 놀림이다.

(2) 상대방의 눈을 응시하며 코를 살짝 튕기는 것은 애정을 바탕

으로 하는 다정한 충고를 의미한다.

(3) 엄지손가락으로 자신의 코를 미는 행위는 상대방에게 조롱을
표현하는 것이다. 양손을 사용해 조롱의 의미를 강조하기도 한다.

(4) 자신의 뺨에 손가락을 대로 누르면 상대방을 칭찬한다는 의미다.

(5) 입술을 오므리며 뺨을 두드리는 행동은 "매력적이다"라는 표
현을 의미한다.

(6) 손을 오므려 손끝에 입을 맞추는 행동은, 유럽 여러 나라와
라틴 아메리카에서 '오, 아름답다' 또는 '맛있다'를 의미한다.

(7) 이탈리아에서 턱을 두드리는 행동은 지루하거나 짜증을 낼
때 사용하는 몸짓으로, '별로 흥미 없다'거나 '꺼져 버려라'라는 의
미로 쓰인다.

(8) 머리를 갑자기 쳐드는 모양은, 특히 남부 이탈리아에서 부정
인 'No'를 말한다.

7. 지중해 손가락 제스처

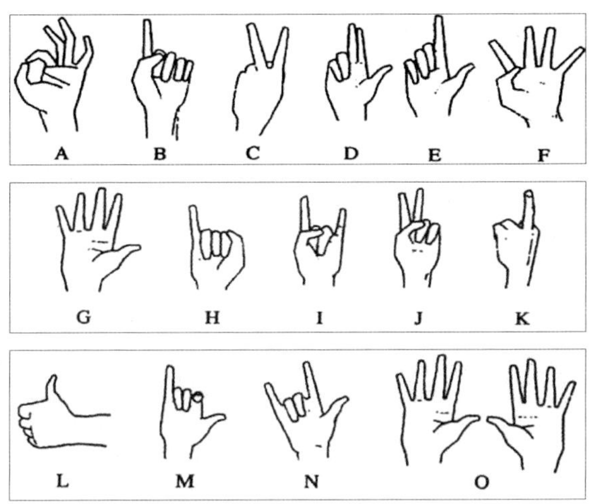

[A]

유럽/북미: OK 사인

지중해 연안지역, 러시아, 브라질, 터키: 구멍, 성적 모욕, 동성애자

튀니지, 프랑스, 벨기에: 영(숫자 0), 형편없다.

[B]

지중해: 일(숫자 1), 신이 아신다.

[C]

몰타: 욕설

고대 로마: 카이사르에게 맥주 다섯 잔!

[D]

가톨릭국가: 축복

[G]

전 세계: 멈춰, 지옥에나 가라

[H]

지중해연안: 남자의 성기에 대한 조롱

프랑스: 허튼 수작하지마!

[I]

지중해 연안: 네 아내가 부정을 저질렀다.

몰타, 이탈리아: 악마의 눈으로부터 보호받기를(손가락 끝으로 가리키면서)

[J]

그리스: 저주의 의미(예: 지옥에나 떨어져라)

[K]

고대 로마: 심한 욕설

[L]

그리스: 저주, 욕설

[O]

그리스: 저주, 욕설

* 그 외 다양한 지중해권 제스처

☞ 손바닥을 펴서 흔드는 행위: 당신의 일이 잘되지 않기를 바란다(그리스).

☞ 두 손가락을 맞대는 행위: 남녀의 동침 의미(이집트)

☞ 손가락으로 사람을 가리키며 말하는 행위: 중동의 여러 국가에서는 무례한 행동으로 간주

☞ 엄지와 중지 사이에 검지를 끼워 넣는 행위: 외설적이고 경멸하는 제스처(유럽, 지중해 연안 국가)

☞ 손가락 교차시키기: 방어, 행운의 의미(유럽)

☞ 중지를 내미는 제스처

☞ 주먹을 쥔 채 엄지손가락만 위로 올리는 행위: 입 닥쳐!(그리스)

☞ 머리를 위아래로 끄덕이는 행위: NO(불가리아, 그리스)

참고문헌

원융희, 『지구촌 음식문화 기행』, 신광출판사, 2001
최창모, 『금기의 수수께끼』, 한길사, 2003
최영수, 『조관연 외 3명 와인에 담긴 역사와 문화』, 북코리아, 2005
김종택, 『접대의 기술 (경쟁사회에서 앞서가는 성공인의 처세)』, 갑진출판사, 2006
KOTRA, 『이 책을 들고 해외출장을 가자(남/동유럽편)』, 넥서스, 2007
이병도, 『김장겸 세계인의 에티켓문화』, 한국외국어대학교출판부, 2008
장한진, 『왜 이 음식은 먹지 않을까 세계의 금기음식 이야기』, 살림, 2008
미래서비스아카데미, 『글로벌매너』, 새로미, 2009
박영수, 『비즈니스를 위한 역사상식』, 추수밭, 2010
엄익란, 『할랄 신이 허락한 음식만 먹는다(아랍음식과 문화코드 탐험)』, 한울아카데미, 2011

http://www.lexiophiles.com/english/italian-social-rules-and-taboos-dont-say-ciao (2012년 4월 28일 검색)
http://www.circlesofexcellence.com/blog/2012/02/cultural-clues-do%E2%80%99s-taboos-communication-guidelines-for-italy/(2012년 4월 29일 검색)
http://my.lifeinitaly.com/threads/7113-Italian-food-taboos (2012년 5월 16일 검색)

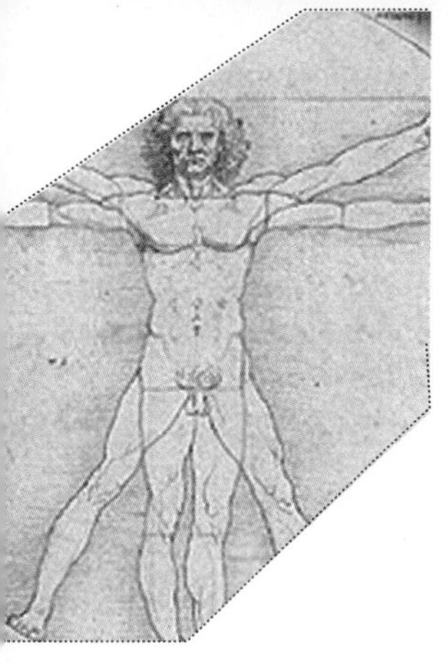

프랑스어를 통한 문화적 금기

장니나*

1. 비언어-언어 커뮤니케이션과 금기

프랑스어로 금기 *tabou*는 프랑스령 폴리네시아 섬 타히티의 언어인 *tapu*와 하와이의 *kapu* 어휘에서 형태의 유사성을 발견할 수 있고 특히 유럽에서는 여행가 제임스 쿡(James Cook)이 타히티에 머무른 후 첫 세계 일주에서 돌아와 대중적으로 보급했다고 알려져 있다.

<타히티>1)

금기를 설명하기 위해 타히티어로 금기의 반대말은 *noa*이며 통상적인, 평범한, 모든 사람에게 해당되는 것의 의미를 지닌다. 우리는 그 반대의 의미인 특별한, 제한된 상황

---

* 부산외국어대학교 지중해지역원 HK연구교수 프랑스 사회언어학전공.

1) 본문에 나오는 사진 중 출처가 없는 작품은 저작권 보호기간이 만료된 퍼블릭 도메인(공용 라이선스) 작품임.

에 해당되는 것으로 *tabou*를 규정지을 수 있을 것이다. 보다 확대된 의미로는 한 사회에서 공통적으로 통용되는 문화적 코드, 관례를 뜻하기도 한다. 이러한 문화적 금기는 사회언어학에서 비언어를 포함한 넓은 의미의 언어 커뮤니케이션 표현으로 연구되고 있다.

필자는 지중해의 한 축인 프랑스 사회에서 일반적으로 이해되는 다양한 관례(rituel)와 비언어(non-verbal)의 언어 커뮤니케이션을 통한 문화적 금기를 소개하여 프랑스만의 독특함과 아울러 지중해의 보편적인 문화적 금기의 일환으로 규정지어 보고자 한다.

문화적 금기는 한 사회가 유구한 역사를 거쳐 오면서 다양한 문화 간의 접촉을 수용해 오거나 거부를 통해 발전해왔을 것이고 이는 언어의 생성과 변천에 있어서도 유사한 경로를 따르고 있다.

민속학자들은 종교와 관례에서 금기사항을 적용하기 위한 용어로 *tabou*를 설명하며 지역성과 방언에서 그 근원을 찾기도 한다. 바로 성스러운 것에 대한 부정적인 형태로 간주되어 위험하고 영향을 주는 종교적인 현상으로 본 것이다. 이에 대한 결과로 오늘날 금기의 주제는 종교와 관련된 의미가 많다. 허용하는 오브제보다는 강제되고 금지되는 것들에 대한 규칙이 종교 전례에 포함되어 있기 때문이다.

또한 신앙, 금지, 금하는 것에 대한 위반을 포함하여 신체(corps)의 표현이 주요하였다. 이는 한 사회에서의 상도(常道)로 자리매김한 것이기 때문에 다른 사회에서 다른 사회로의 진입 시 문화적 걸림돌이 되므로 극복하기 위해 학습해야 하는 언어과정을 거쳐야 하기 때문으로 볼 수 있다. 발화하는 언어를 통하여 의사소통을 하는 것보다 우리는 일정 환경 안에서 몸짓, 표정 등의 비언어를 더 빠른 이해의 수단으로 삼기도 한다. 이는 문화적 정체성에 대한 설명으로 해석되기도 하는데 신체의 언어인 비언어의 역할이 중요함을 알 수 있게 한다. 각 문화권별로 구성된 비언어 커뮤니케이션 방법은 화자와 화자의 화언 행위 시 때로는 정반대의 결과를 낳게 하기도 하고, 혹은 언어가 필요치 않은 공감을 드러내기도 하기 때문이다.

지중해는 여러 문화권이 정주했던 곳이므로 공통적인 혹은 독특한 언어/비언어를 통한 문화적 금기가 있을 것이다. 동일한 맥락에서 프랑스 역시도 남부에 면한 지중해 해안가를 거쳐 들어온 여러 문화권과 독일 남부와 프랑스 북동부가 발원지인 켈트 문화권의 이주로 인한 토착민족들과의 교류로 형성된 커뮤니케이션 문화적 금기를 살펴보고자 한다.

<신체 le corps>[2]

이론적으로 인간의 활동은 신체 표현을 동반한 언어활동으로 이해될 수 있는 바, 구체적으로는 제스처(gestualité), 언어(verbal), 비언어(non-verbal), 몸짓, 표정(mimique)을 예로 들 수 있다. 이러한 기준을 통해 프랑스 사회의 문화적 금기가 설명될 수 있을 것이

---

2) 사진 출처: http://www.psycho-ressources.com/bibli/corps-humain.html

다. 위의 요소들은 사회언어학, 심리언어학, 기호학, 근접학(proxémique)의 이론적 배경하에 설명될 수 있다.

　필자는 프랑스 유학시절 언어와 문화 관련 수업을 통해 위의 이론과 실제 활동을 해본 적이 있어 관심 있는 주제로 다뤄 보려고 한다.

2. 제스처, 표정, 몸짓을 통한 문화적 금기

　인간의 의사소통 수단인 비언어 활동으로 몸짓과 표정을 포함한 제스처는 동일한 문화 공간에서 암묵적으로 통용되는 약속으로 타 문화권에서의 문화적 금기가 되기도 한다.3) 다음은 프랑스어 의사소통을 위한 제스처의 경우를 살펴보자.

　　<제스처의 언어 표현>4)

---

3) Geneviève Calbris, Louis Porcher, *Geste et communication*, Hatier-Credif, 1989. pp.58-62
4) 사진 출처: http://www.cterrier.com/cours/communication/60_non_verbal.pdf

위의 그림은 유명한 '현명한 원숭이'라는 사진으로 제스처의 언어 표현을 배울 때 상징적인 설명이 되기도 한다. 사진 속 왼쪽의 원숭이부터 "어떠한 것도 말하지 않는다", "어떠한 것도 보지 않는다", 그리고 "어떠한 것도 듣지 않는다"라는 기본적인 의사소통을 나타내고 있다.

다음은 프랑스 사회에서 일반적으로 사용되는 제스처의 의미와 언어를 함께 보여 줌으로써 언어/비언어 의사소통의 실례들을 소개하고자 한다.

«Il est fou»[5]
일 레 푸
미쳤군
▶ 집게손가락을 관자놀이에 누른다.

«Couci-couça»
쿠시-쿠사
(평범함)그럭저럭
▶ 손가락을 벌린 채 손을 둥글게 말고 흔들며 손목을 회전한다.

«La barbe!»
라 바르브
정말 지겨워!

---

5) 프랑스어 의미/한글 음역/해석/제스처 순임을 밝힘.

▶ 손등을 뺨에 여러 번 문지른다.

«On a gagné!»

오 나 갸녜

우리가 이겼다!

▶ 머리 위로 주먹을 흔든다.

«Moi, relax!»

무와, 흘락스

나는 휴식할래!

▶ 손가락을 세워서 겨드랑이 쪽으로 향하게 하고 몸을 뒤로 기울인다.

«J'ai une idée»

제 윈 이데

(발견함)좋은 생각이 떠올랐어.

▶ 집게손가락을 이마에 갖다 댄다.

«Têtu comme une mule»

떼뒤 꼼 윈 뮐

고집이 여간 아니다. 옹고집이다.

▶ 주먹을 여러 번 이마에 두드린다.

«Il ne fout rien de la journée»(Il se tourne les pouces)

일 느 푸 히앙 드 라 쥬흐네(일 스 뚜흐네 레 뿌스)

그는 온종일 아무것도 하지 않는다(게으름을 피우다).

▶ 손을 교차로 깍지 끼고 손가락을 다른 쪽으로 향하게 한다.

«On» me l'a dit !(C'est mon petit doigt qui me l'a dit)

옹 므 라 디!(쎄 몽 쁘띠 두와 끼 므 라 디)

(아이의 짓궂은 행동에)어떤 사람이 나에게 그렇게 이야기했다!
(어떻게 알았어? 직감이란 게 있잖아)

▶ 머리를 기울이고 귀 근처로 귀를 기울여 듣는 시늉을 한다.

«Hé, on se tire ?»

에, 옹 스 띠흐 ?

계속 공격을 가하는 거야?

▶ 왼손을 팔뚝 위로 두 번 치고 오른손은 수평으로 옆모습을 보
  이며 바깥으로 향해 있다.

«Plus rien!»(Ceinture!)

쁠뤼 히엥!(쎙뛰흐)

(젊은이에게)어쩔 도리가 없다!(참아라 아무것도 없다!)

▶ 손바닥은 하늘을 향하고 오른손은 왼쪽에서 오른쪽으로 허리
  앞에서 비스듬히 횡선을 긋는다.

«Ras le bol!»

하 르 볼!

지겨워, 신물이 난다!

▶ 손을 머리 위로 선을 긋는다.

≪Ça!…≫
싸!…
아이고
▶ 손을 어깨 높이로 올리고 손바닥은 오목하게 하여 바깥으로 펼
친다.

≪Zut, mince alors≫
쥐트, 멩스 알로흐
(체스에서 잊어버리고)아뿔싸, 거참
▶ 빠르게 손가락을 낮추면서 마주 튕겨 소리를 낸다.

≪Hé, faut payer≫
에, 포 뻬이예
이봐, 지불해야지.
▶ 한 손가락이 집게손가락과 가운데손가락을 만진다.

≪Il est d'une paresse≫(Il a un poli dans la main)
일 레 뒨 빠흐스(일 라 엥 뽈리 당 라 멩)
무척 게으르다(천성이 게으름뱅이다).
▶ 엄지손가락과 집게손가락은 다른 손의 털을 잡아당긴다.

«Na na na!»

나 나 나!

자, 자!

▶ 엄지손가락으로 턱 아래를 세 번 문지른다.

«Il les avait à zéro»

일 레 아베 아 제호

(두려움)코가 석 자나 빠졌다.

▶ 손가락을 피라미드 모양으로 모은 뒤 손을 내린다.

«Et vlan! Dans le baba!»

에 블랑! 당 르 바바!

에잇! 속았네!

▶ 팔뚝을 신체와 평행하여 이끌고 주먹은 가슴과 수직으로 뻗어
  바깥으로 일격을 가한다.

«Délicieux!»

델리씨으!

맛있다!

▶ 엄지손가락과 집게손가락을 둥글게 모은 뒤 입 근처에서
올린다.

«Tiens!: je ne te crois pas»(Mon œil)

티엥!: 쥬 느 트 크후와 빠(몽 외이여)

(극도로 불신함)쳇, 그런 말이 어딨어!(입술에 침이나 바르고 말해라)

▶ 집게손가락을 눈 아래 피부를 아래로 당긴다.

«Il est cocu»

일 레 꼬뀌

얼간이

▶ 집게손가락과 가운데손가락을 머리 뒤로 V 자를 만들며 세운다.

«Gare à toi, petit!»

갸흐 아 뚜와, 쁘띠!

너, 단단히 각오해라!

▶ 집게손가락을 비스듬하게 만들어서 앞뒤로 흔든다.

«Comme ça! Chapeau!»

꼼 싸! 샤뽀!

그렇게! 잘했어, 좋았어!

▶ 엄지손가락을 가슴 높이에서 세운다.

«La ferme, hein!»

라 페름, 엥!

(침묵을 요구하며)입 다물어!

▶ 손가락 4개를 접고 엄지손가락을 펼쳐 입모양을 만든다.

«Oh là, là, il est gonflé!»

오 라, 라, 일 레 공플레!

세상에, 그런 몰염치가 어디 있냐! 넉살도 좋다.

▶ 가슴 높이에서 수직으로 손을 흔든다.

«Qu'il aille se faire voir!»

낄 라이여 스 페르 부아르!

(버릇없게)여봐란듯이 다니다!

▶ 손을 어깨 뒤로 보낸다.

«Je t'ai eu!»

쥬 떼 으!

(교태를 지으며)내가 널 잡았어!

▶ 웃으면서 혀를 내민다.

«Mon Dieu, qu'il est bête!»

몽 디여, 낄 레 베뜨!

세상에나, 덜 된 놈이로군!

▶ 눈을 위로 치켜뜨는 것

«Il faut se le farcir!»

일 포 스 르 파르시르!

싫지만 참아주다. 억지로 하다!

▶ 입을 비죽거리기

«Pas un sou! Que dalle!»

빠 젱 수! 끄 달!

무일푼이다! 전혀!

▶ 엄지손가락의 손톱을 앞니에 내밀다.

«Trop tard, on l'a raté!»(passer sous le nez)

트홉 타르, 옹 라 하떼!(빠세 수 르 네)

(장기 둘 때)너무 늦었어, 실패했다!(바로 코밑을 통과하다)

▶ 집게손가락을 코 아래에서 수평으로 늘어지게 한다.

«Crétin, va!»

크레텡, 바!

바보, 멍충이

▶ 어깨를 올리고 머리는 다른 쪽으로 돌린다.

위와 같이 얼굴의 표정과 손의 동작으로 비언어 의사전달을 하는 경우 문화적 금기의 사례가 된다. 이는 제스처를 통해 몸짓과 표정이 동반된 비언어 표현으로 전혀 다르게 이해하거나 혹은 오해로 인한 실수를 통해 의사소통 시에 어려움이 발생하는 문화적 금기가 되는 것이다. 어떤 경우는 동일한 의미 전달이 되거나 상대적으로 가까운 문화권은 이해가 되는 문장도 있으나 간혹 혼돈을 일으키는 유형들을 발견할 수 있다. 이는 문화적인 특징을 보여 주는 것으로 제스처의 상징이 때론 금기의 대상이 되기 때문이다.

이는 공유하는 문화시스템으로 동일한 문화권 화자들의 통일성

문제가 되며 학습으로 배울 수 있는 문화 상징으로서의 금기로 해석할 수도 있다.

특히 프랑스에서는 손을 통해 균형, 비교, 교체, 망설임, 근접성을 나타내는 방식이 많다.

<손의 언어>[6]

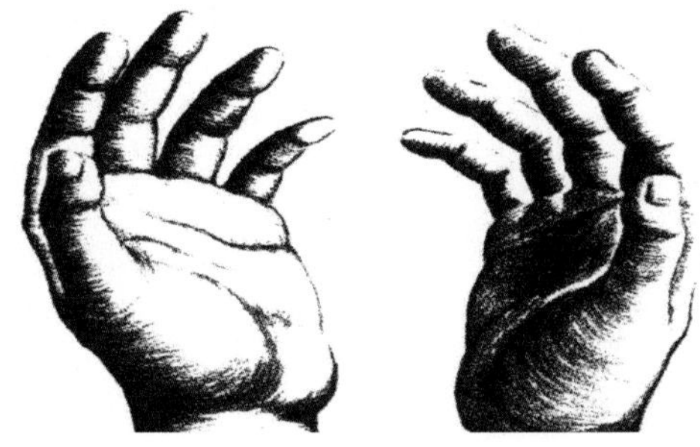

균　　형: 양 손바닥을 하늘을 향해 돌리는 것
비　　교: 상이성과 유사성을 비교하기 위해 두 손의 앞뒤를 교대
　　　　　로 움직이는 것
교　　체: 엄지손가락과 집게손가락을 회전하듯 교체하는 것
망설임: 수평, 화살표, 정면 방향으로 손의 위치를 둔다.
근접성: 다양한 방법으로 다른 신체를 활용한다.

이렇듯 신체의 일부분인 손의 움직임이 언어를 초월한 비언어 의사 전달의 수단이 될 수 있는 것이다.

---

[6] 사진 출처: http://www.biosynergie.org/article.php?sid=44

3. 언어·비언어 문화적 금기에 관한 해석

제스처는 추상적인 동시에 구체적인 신호 체계이다. 언어학자 소쉬르의 용어이자 기호학 시스템으로 주어진 사회나 그룹을 특징지어 주는 글로벌 표식이기 때문이다. 한편으로는 각각의 기호학 시스템의 하위 부분을 구성하는 총체인 관례, 종교, 의상 등을 포함하고 있기도 하다. 사회학자 피에르 부르디외가 명명한 아비투스(habitus)처럼 금기는 일정하게 구조화된 개인의 성향 체계의 문화적 총체로 집단성을 가진다. 우리의 아비투스는 우리의 사회를 대변하듯 사회·심리적인 요소와 기호학을 포함하여 관례를 형성한다.

한 사회의 오랜 전통에서 비롯된 관례를 특징짓는 언어를 통한 문화적 금기는 여성에게 나이를 묻지 않는 것, 월급을 묻지 않는 것, 종교와 정치 성향과 관련된 화제거리를 삼지 않는 것 등 논쟁의 거리가 될 수 있는 대화를 회피하려는 수단이 된다. 또한 비언어를 사용한 문화적 금기 역시도 사회를 이해할 수 있는 방편으로 역할을 할 수 있다.

그러므로 발화 언어뿐만 아니라 몸짓 언어인 제스처를 통한 금기의 표현은 상이한 문화권을 이해하는 기본 요소로 활용되고 이해되어야 할 것이다.

참고문헌

Geneviève Calbris, Louis Porcher, *Geste et communication*, Hatier-Credif, 1989.

Louise Dabène, F. Cicurel, M.-C. Lauga-Hamid et C. Foerster, *Variations et rituels en classe de langue*, Hatier-Credif, 1990.

Salomon Reinach, "De l'origine et de l'essence des tabous", *Cultes, mythes et religions*, tome II, Paris: Éd. Ernest Leroux, 1906, pp.18-22 (http://www.psychanalyse-paris.com/De-1-origine-et-de-1-essence-des.html)

______________, "Coup d'œil sur les divers tabou", *Cultes, mythes et religions*, tome II, Paris:Éd. Ernest Leroux, 1906, pp.23-35 http://www.psychanalyse-paris.com/783-Coup-d-œil-sur-les-divers.html

프랑스 결혼식과 예법

임지영*

1. 들어가며

모든 사회는 타인과 '결합'의 형태를 가지고 있다. 동거는 상호적인 의무나 어떠한 권리를 강요하지 않는 두 사람의 결합이 이웃에 의해 인정되는 형태이지만 결혼은 관례적인 예식이 충족된 성인남녀가 성적 결합을 통해 공동체 삶을 꾸려 나가는 결합 형태이다. 결혼은 따라서 사적인 관계가 아니라 공적인 관계이며 책임과 의무가 동시에 따르는 개인의 문제이며 동시에 사회적인 문제로 중요한 사회적 기능이 동반된다. 이처럼 개인과 사회에 있어 중요한 의미를 지니는 결혼은 공식적인 예식의 형태로 거행될 때 엄수되어야 하는 규칙과 관습이 있다. 결혼과 관련된 전통과 관습은 삶의 가장 아름다운 날을 맞이하는 한 쌍의 부부에게 그들의 행복을 고양하는 목적과 기능이 있으므로 결혼에 대한 의미와 형식에 부합되는 금기와 에티켓을 알아보도록 한다.

---

* 부산외국어대학교 지중해지역원 HK연구교수 프랑스 사회학전공.

::아르놀피니의 결혼(1434), 얀 반 에이크(Jan Van Eyck)

2. 결혼제도와 종류

결혼의 형태는 민족과 역사에 따라 다양하다. 이슬람 지역 및 아프리카 지역에서는 일부다처제[1]를 가지고 있는 반면 특정 아시아 국가에서는 일처다부제[2]의 형태를 띤다. 프랑스는 전통적으로 일부일처제이며, 특히 가톨릭의 전통에 의해 일부일처제가 유지된다.

결혼은 법률적이며 관습적인 성격을 띤다. 결혼은 절대적 권위 기관인 국가 혹은 교회가 공식적으로 결혼을 인정하고 공식화(제도화)한다. 제도적 권위로부터 결혼의 의무와 권리가 지정되고 또한 이후 결별에 대한 기준까지 결정된다. 이에 프랑스에서는 국가 기관에 의해 인정되는 민법상 결혼(현대 결혼식, 비종교적 결혼식)과 종교의식에 따라 행해지는 종교적 결혼(전통 결혼식)으로 나뉜다.

1) 민법적 결혼식

프랑스에서는 민법상의 결혼만이 유일하게 공식적으로 인정된다. 종교적 예식보다 먼저 진행되는 민법적 결혼은 시청에서 진행된다. 미래의 부부는 결혼 관련 공무관리인들 앞에서 공식적인 예식을 거행해야 한다. 이들은 민법에 의거해 미래의 부부들에게 각자의 의무를 알려주고 부부들은 가족등록증(Livre de Cahier)에 사인을 함으로써 민법적 결혼식은 종료된다.

---

1) 특정남자들이 여러 명의 여자와 결혼을 할 수 있는 형태.
2) 특정여자들이 여러 명의 남자와 결혼을 할 수 있는 형태.

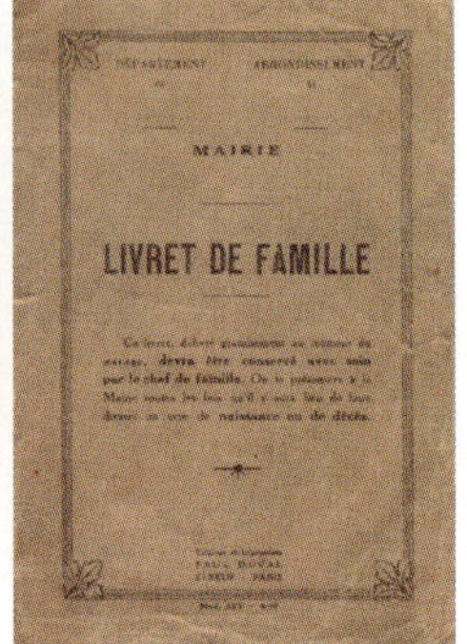

::결혼식 서류(출처: 구글이미지, www.google.fr)　　　　::가족등록증

2) 종교적 결혼식

　　종교 결혼식을 진행하기 전에 반드시 의무적으로 민법상의 결혼을 해야 한다. 종교적 권위기관은 부부가 민법적 결혼을 사전에 이행하지 않을 시, 종교적 결혼식을 금지한다. 종교적 결혼식은 성직자에 의해 예식이 진행된다. 성사에 의해 두 부부는 신과 교회 앞에서 부부가 됨을 맹세한다. 두 부부의 권리와 의무에 대한 공식적 선언은 신뢰를 바탕으로 상호 원조하며 삶의 공동체를 이루는 의무를 이행한다는 내용이다. 예식은 부부와 증인들이 서약서에 사인을 함으로써 마무리된다.

　　민법적 결혼과 종교적 결혼의 이중제도는 대부분의 모든 제도(교육, 법, 과학)와 마찬가지로 교회와 정부가 결별되면서 생겨났다. 1792년 행정적 권위에 의해 처음으로 민법적 결혼이 시행되면서 결혼은 법률적 성격을 가지게 된다. 그런데 배우자와 가족들의 재산소유문제가 계약에 의해 해결되었으므로 이러한 의미에서 민법적 결혼은 전략적이고 경제적인 목적에 부합하는 수단이 되었을 뿐이었다. 그러나 가톨릭교회는 단지 민법적 성격만으로 결혼이 유효하다고 생각하지 않는다. 가톨릭에서 결혼은 그것 자체로 성사(sacrement)의 특징이 있다. 민법적 결혼과 달리 종교적 결혼은 고해성사나 세례와 같이 성사(聖事)적 측면을 결혼의 의미에 부가한다. 이는 4~5세기경 Saint-Augustin[3])에 의해 고안된 결혼관으로 결혼은 남녀의 육체적 결합만큼 두 의지(정신)의 결합으로 여겨졌다. 결혼은 상호신뢰의 태도에서 후세대의 혈통적 개념을 인식하는 성사(聖事)이며 두 부부는 신과 교회 앞에서 진실하게 만난다. 이렇게 되자 부부는 죽음에 의해서만 분리되는 것이었다. 한편, 가톨릭인들은 세례를 받지 않은 자의 결혼은 인정하지 않는다. 또한 가톨릭교회에서는 남자와 여자의 합법적 결합을 전제하기 때문에 동성애자들의 결혼은 인정하지 않는다. 그런데 오늘날 프랑스는 시민연대계약(PACS)을 통해 동성애자들의 민법적 결합과 동거를 인정하고 있다. 이와 같은 시민연대계약은 교회의 반대에도 불구하고 국민 정서 속에 인정되는 사실혼의 개념에서 비롯된 것으로 시청에서 2명의 증인이 참석한 가운데 신고하면 간단하게 이루어진다. 가톨릭에서 금기시하는 또 다른 행위는 이혼과 낙태, 피임이다. 원칙적으로 이혼은 결혼의 종신적 성격에 위배된다는 차원에서 금지되고 있다. 그러나 민법상의 결혼제도에서는 상호합의하에 이혼이 가능하다. 19세기에는 배우자의 치명적인 실수(간통, 체벌

형, 광신주의, 심각한 모독죄)가 있는 경우를 제외하고는 이혼이 허락되지 않았다. 그러나 1975년 상호 동의와 별거라는 두 가지 이혼 사유가 추가됨으로써 결혼에서 종신적 의미가 사라지고 계약적 특성이 더욱 강조되었다. 즉 부부관계가 파기될 수 있는 단기성이 용인되는 것이다. 또한 가톨릭에서는 낙태에 반대하는데 프랑스에서는 임신중절수술(IVG)이 1975년에 합법화되었다. 1975년 이전에는 임신중절수술이 금지되었기 때문에 많은 여성들이 스위스로 건너가 낙태수술을 받았거나 암암리에 행해지던 불법시술에 의존하였고 이에 여성단체들의 적극적 주장으로 임신중절수술(IVG)이 합법화되었다.

3. 결혼의 예식

결혼은 매우 공식적이고 성대한 예식이다. 결혼은 언제나 공공의 예식을 거쳐야 한다. 결혼의 80% 이상이 6월과 9월 사이에 치러지며 토요일에 진행된다. 민법적 결혼식과 마찬가지로 종교적 결혼식에서는 신랑이 어머니 팔짱을 끼고 먼저 입장을 하고 다음으로 가족, 친구, 손님들이 입장한다. 마지막으로 신부와 아버지가 행진한다. 신부는 신랑의 왼쪽에 서야 하는데 왜냐하면 신랑은 언제나 자유로운 오른손을 가져야 우발적인 사건이 생겼을 때 배우자를 보호할 수 있기 때문이다. 결혼식의 증인들은 미래의 부부들 곁에 각각 위치한다.

예식을 마치고 교회에서 나오는 순간은 가장 역사적인 순간이다. 이때 사진작가 및 촬영기사들은 사진을 찍고 하객들은 쌀이나 장미 잎을 결혼한 부부에게 던지면서 행복과 결혼의 영속성을 바란다. 쌀 대신 색종이, 종이꽃잎, 천, 라벤더를 뿌리기도 한다. 자동차는 꽃이나 리본으로 장식하고 피로연이 예약된 장소로 이동한다. 자동차로 이동할 때는 일반적으로 좋은 소식을 널리 알린다는 의미로 경적 소리를 크게 내며 행렬한다.

1) 약혼

약혼은 미래의 결혼을 선언하는 것이다. 약혼은 원칙적으로 최종 결합을 위한 서약임과 동시에 서로의 가족을 소개하는 자리이다. 약혼은 결혼을 위한 첫 번째 단계이다. 그러나 어떤 이들은 약혼을 매우 중요한 단계로 보는 반면 다른 이들은 그것이 불필요하고 유행에 뒤처진 것으로 보기도 한다.

2) 청첩장

약혼관계가 선언되면 그때부터 결혼식 날짜와 장소를 정한다. 그리고 결혼 사실을 주변에 알리기 위해 청첩장을 보낸다. 결혼식에 대한 정보를 정확하게 제공할 수 있는 정성이 들어 있는 청첩장을 보내는 것 자체가 에티켓 중의 하나이다. 청첩장에는 결혼할 부부들의 이름과 그들의 부모이름을 써야 하고 경우에 따라서는 그들의 조부모의 이름을 쓸 수 있다. 결혼식 날짜와 시간, 장소는 물론이고 피로연 시간과 장소를 기입한다. 필요한 경우 하객들이 착용해야 할 복장까지 기입할 수도 있다. 청첩장을 받은 사람들은 청첩장에 명기한 지정된 기간 동안 결혼할 부부들에게 답장을 해야 한다. 대체로 청첩장에 반송용 우표를 보내기 때문에 청첩장을 받은 사람은 가능한 한 재빨리 간단한 축하의 말과 함께 초대에 응한다는 답장을 보낸다. 물론 간단한 전화라도 충분하다. 이것은 청첩장을 받은 사람들이 지켜야 할 최소한의 에티켓으로 최대한 빨리 답을 해주어야 예비부부가 예산에 맞춰 결혼식 준비를 할 수 있다.

3) 미혼의 장례

　미혼의 장례는 결혼하기 전 마지막으로 처녀, 총각의 시절을 향유한다는 의미로 예비신랑과 예비신부가 상대 배우자 없이 친구들과 함께 즐거운 시간을 보내는 시간이다. 저녁을 먹으면서 진행되기도 하고 하루 종일 축제(변장)를 하면서 보내기도 한다. 대부분 결혼 일주일 전에 치러진다. 친구들에 의해 준비되는 미혼의 장례는 부드럽고 차분한 분위기로 진행될 수도 있으나 주로 신나고 즐거운 분위기로 치러진다.

4) 반지

　행복과 불행을 함께 한다는 결합의 의미로 미래의 부부들은 반

::알리앙스

지를 주고받는다. 결혼반지를 가리켜 '알리앙스'라고 하는데 이는 '결합, 동맹'의 의미를 가진다. 관습적으로 알리앙스는 왼손 약지에 끼는데 약지에 심장으로 보내는 정맥이 직접적으로 연결되어 있어 '사랑의 정맥'이 관통한다고 생각하기 때문이다.

전통적으로 신부는 네 가지 기준에 부합되는 적합한 물건을 선택해서 결혼식에 착용하게 되어 있다. 네 가지 기준은 고전적인 것(옛것), 새것, 차용물, 푸른색의 것이다. 그것은 옷, 장식류, 보석류, 신부 드레스, 페티코트, 신부의 스타킹 고정밴드, 귀걸이 등이 될 수 있다. 이것은 19세기 영국에서 유래되었는데 고전적인 것(옛것)은 지난 과거를 상징하고, 새것은 미래 삶에 새로움을 의미하고, 차용물은 행복, 푸른색은 순수와 신뢰를 상징한다.

5) 신부의 드레스와 면사포

옛날에는 신부가 푸른색이나 펄이 들어간 회색(은색) 혹은 빨간색 드레스를 입었다. 제1차 세계대전 이후에 신부는 처녀성(순결)을 상징하는 흰색 드레스를 주로 입기 시작했는데 원칙적으로 처녀성을 가지고 있지 않은 여자는 흰색과 함께 다른 색을 맞춰서 입어야 한다. 흰색은 오늘날 서양에서 결혼식의 클래식한 색깔이 되었지만 18세기까지 빨간색 드레스를 입었고 그 이유는 가장 쉽게 구할 수 있었고 저렴했기 때문이다. 드레스의 볼륨감을 위해 신부는 드레스에 가장 어울리는 페티코트를 선택할 수 있다. 또한 면사포는 신부의 처녀성(순결)과 순수를 상징하며 착용된다.

6) 신부의 스타킹 고정밴드

장갑, 드레스, 페티코트와 함께 스타킹
고정밴드는 신부를 아름답게 꾸며주는 소
품이다. 이날 신부가 착용한 스타킹 고정밴
드는 피로연에서 하객들에게 경매에 부쳐
지게 된다.

::신부의 스타킹 고정밴드

7) 부케 던지기

관습적으로 신부는 결혼식이 모두 끝날 즈음에 부케를 미혼의
친구에게 던진다. 신부는 등을 돌려서 부케를 던지고 그것을 잡는
친구가 다음에 결혼을 해야한다.

8) 증인제도

결혼식에서 신랑신부는 증인 없이 결혼을 할 수 없다. 증인의 출
석은 결혼선언과 더불어 결혼의 행위에 대한 인정과 확인을 보장
하는 의미가 있다. 증인들은 결혼식 서류에 사인을 함으로써 결혼
의 유효성을 증명한다. 프랑스 법은 최소한 두 사람(최대 4명)의
증인을 요구한다. 증인은 결혼하는 부부의 부모가 될 수도 있지만
반드시 신랑신부의 가족구성원이 되어야 하는 것은 아니다. 또한
종교적 결혼식에서 증인은 반드시 세례를 받은 사람일 필요는 없
으며 종교의 유무와 상관없이 누구든지 예비부부의 증인이 될 수

있다. 또한 민법적 결혼식의 증인과 반드시 같은 사람일 필요도 없다. 그러나 증인은 18세 이상이어야 한다.

9) 피로연

결혼은 교회와 관공서에서 진행되지만 피로연은 식당, 호텔, 마을회관, 정원 등에서 진행된다. 공식적으로 명성이 있는 역사적 장소를 피로연 장소로 선택한다면 미리 오래전부터 예약을 해야 한다.(마찬가지로 민법적 결혼이 진행되는 시청 섭외는 1년 정도 앞서서 예약하는 것이 좋다.) 특히 7월 토요일 오후는 결혼하는 부부들이 가장 선호하는 달이기에 축제 장소와 피로연 준비도 미리 완벽하게 준비하여야 한다(사진사 및 음악 담당 관련자들을 섭외 등). 피로연은 간단히 칵테일파티나 뷔페식으로 진행될 수도 있고, 정식 코스요리로 결혼식의 축제분위기를 밤늦게까지 이어갈 수도

::피로연

있다. 신랑신부는 식사시간 동안 감사의 인사말을 전하기도 하며 음악에 맞춰 춤을 추기도 한다. 축제 분위기가 무르익을수록 하객들 모두 춤을 추며 새로 탄생된 부부의 결혼식을 축하하며 마음껏 즐긴다.

4. 하객의 예의

하객이 결혼식에 초대받았을 때 엄수해야 할 사항은 없는가? 어떤 복장과 태도를 갖추어야 하는가? 하객들은 언제나 신랑과 신부에 대한 정보를 가지는 것이 중요하다. 예컨대 특정 문화에서는 여자가 팔을 내놓거나 바지를 입는 것을 무례하다고 생각하고 인디언들에게 빨간색은 불행을 상징한다. 따라서 결혼식에 초대된 사람들은 해당 결혼식의 전통과 문화를 사전에 이해하고 준비하는 에티켓이 필요하다.

1) 올바르고 예의 있게 차려입어야 할 복장

전통적으로 부르주아식 결혼에 초대된 하객들은 남녀 하객 모두 가장 고전적인 의상을 멋스럽게 차려입어야 한다. 남자들은 회색이나 블랙 모닝코트가 기대된다. 신발과 넥타이도 옷과 맞춰 비슷한 색깔을 선택해야 한다. 정석적인 방식에서 남자는 장갑을 끼고 톱해트 모자를 쓰게 되어 있지만 실내에서는 톱해트를 벗고 팔 아래로 들고 다니는 것이 예의이다. 또한 공식적인 사진을 찍을 때도 모자를 벗어야 한다. 현직 군인일 경우 군복을 입고 오는 것도 허락된다. 남자들의 경우 일반적으로 비즈니스 슈트가 가장 무난하며 검은색이나 회색이 선호된다. 여자의 경우 원피스와 드레스는 맵시 있게 입어야 하고 모자와 장갑, 높은 구두와 핸드백은 필수품이다. 결혼식에 따라서 모자착용은 금지되기도 한다. 그런데 여자는 어떤 상황에서든 모자를 벗지 않아도 되는데 챙이 넓은 모자를 쓰고 인사를 할 경우 친밀히 포옹을 하는 것보다 간격을 두고 간단히 인사한다. 원칙적으로 전통적 개념에서 하객들에게 요구되는 복장이 까다롭지만 오늘날에는 거의 모든 복장이 가능하며 하객들은 매우 다양하게 옷을 입을 수 있다. 신부를 압도하지 않는 한 하객들은 흰색 옷까지 입을 수 있다. 가슴이 깊이 파인 번쩍이는 긴 드레스도 입을 수 있고 다양한 액세서리도 할 수 있다. 그러나 너

무 활동적인 느낌의 옷은 피하여야 한다. 어떤 경우에도 조화되지 않은 것을 주의해야 한다. 하객들의 출석은 결국 삶의 가장 아름다운 날을 맞이하는 부부들에게 기쁨이 되는 것에 있고 결코 그들의 축제를 망쳐서는 안 되기 때문이다. 하객들은 아름다운 맵시와 어울리는 좋은 말투(어조)와 태도까지 겸비하면 더욱 좋다.

2) 선물

신혼부부들은 그들의 취향과 필요에 따라 혼수물품을 결정하고 결혼선물목록을 만들어서 지인들에게 요구한다. 결혼선물목록에는 상점이 명시되어 있어 지인들은 성심성의껏 분수에 맞게 선물을 제공하면 된다. 만약 선물을 하겠다고 결심하면 편지나 전화로

::결혼선물목록

상점에 연락을 하여 선물을 지정한 후 배달을 요청하면 된다. 일반적으로 상점에서 배달을 담당한다. 지인들은 선물을 가지고 부부의 집이나 결혼하기 전 신부의 부모님 집에 가지고 갈 수 있다. 선물은 결혼 당일에 전달하는 것보다 미리 전달하는 것이 좋다. 만약 결혼식에서 어쩔 수 없이 전달해야 할 경우에는 피로연 장소에 특별히 마련된 테이블에 선물을 놓으면 된다. 하지만 어떤 경우에도 교회에 선물을 가져가서는 안 된다. 한편 예비 신랑신부가 결혼선물목록을 지인들에게 제시하지 않을 경우에는 부부에게 성의껏 마련한 축의금을 줄 수도 있지만 축의금제도는 전통적 관습이 아니다.

:: 결혼선물목록

NOTRE CHAMBRE	
Base de lit en bois cérusé blanc	327
Mate las King size	240
Lampe de chevet 1	55
Lampe de chevet 2	45
Table de nuit en bois cérusé blanc 1	157
Table de nuit en bois cérusé blanc 2	157
Miroir de 2m10 sur 1.7 en bois cérusé blanc, taille style louis XXVI	574
Tapisrond brodé	200
Lampe décorative suspendue en verre colore rose	164
3 coussins décoratifs	65
Couvre matelas	10
Edredon double épaisseur été-hiver King size	95
Couvre édredon matelasse rose fuchsia	50
Draps de lit blancs brodes	110

Armoire en PVC blanc laqué n.1	273
Armoire en PVC blanc laqué n.2	273
Armoire en PVC blanc laqué n.3	273
Armoire en PVC blanc laqué n.4	273
Valet muet	35
Set de beaux cintresen satin avec noeuds	40
Radio réveil avec lumière progressive et chants d oiseau et option pourfiltrer les jours de la semaine et ceux du week-end.	39
Rideaux Fenètre 1	110
Rideaux Fenètre 2	100
4 noeuds décoratifsrideaux	80
2 stores opaques	60
Air-conditionne	150
Meuble de beauté en cèdre sculpte avec miroir princesse et tabouret a l'ancienne	780

3) 하객이 피해야 할 모든 실수들

- 청첩장을 받은 후 참석여부를 알려주지 않는 것.
- 다른 사람들에게 아직 소개하지 않은 파트너를 결혼식장이나 피로연에 대동하는 것.
- 아이들이 초대되지 않았을 때 아이들을 데리고 가는 것.
- 늦게 도착하는 것. 만약 예식에 늦었을 경우 측문(특히 교회)을 이용한다.
- 신부와 함께 통로에 서 있는 행위. 신부의 길을 방해해서는 안 된다.
- 첫 번째 줄에 앉는 행위. 첫 번째 줄은 신부(왼쪽)의 가족과

신랑(오른쪽)의 가족에게 지정되어 있다.
- 부부가 행렬하는 앞으로 통행하는 행위.
- 가족구성원이 아님에도 불구하고 가족사진을 찍는 행위.
- 사진기사나 촬영기사를 방해하는 행위.
- 교회 안에서 사진기의 플래시를 터뜨리는 행위.
- 교회 안에서 착석하지 않고 통로를 지나다니는 행위.
- 신랑신부를 오랫동안 독점하며 이야기를 건네는 행위. 간단히 포옹하고 인사해야만 한다.
- 지정되어 있는 자리의 좌석이름표를 임의적으로 바꾸는 것.
- 신랑신부가 피로연 무대를 오르기도 전에 먼저 무대에서 춤을 추는 것.
- 허락하지도 않았는데 마이크를 쓰거나 장황한 연설을 하는 것.
- 술을 너무 마시는 것.
- 신랑을 유혹하는 행위.
- 상식에 어긋나는 행동과 말을 하는 것.
- 결혼한 부부에 대해 흠담을 하거나 말을 옮기는 것.
- 결혼예식에 준비된 모든 장식류(꽃, 물건) 등을 가지고 가는 것. 신랑신부가 비용을 지불해야 한다.
- 결혼식장의 문을 닫는 행위. 가족과 하객들이 결혼식장에 들어올 수 있도록 언제나 문은 열려 있어야 한다.

5. 나오며

결혼식과 관련된 오늘날의 예식은 전통의 의미와 형식이 언제나 고수되는 것은 아니다. 예컨대 '순수'라는 의미를 기준으로 보았을 때, 결혼 이전 동거의 형태를 경험했던 많은 신부들은 흰색의 드레스를 착용하지 말아야 하지만 베일이나 흰색 드레스의 착용은 지속적으로 이루어진다. 특정 전통의 의미와 금기는 사라지고 변형된 의미의 형태가 남기도 하는 것이다. 그런데 무엇보다도 결혼식의 에티켓과 금기사항을 인지하는 가장 근본적인 이유는 미래의 부부가 아름답고 의미 있는 결혼식을 맞이해야 하기 때문이다. 따라서 결혼식의 금기와 에티켓은 신랑신부의 결합의 의미와 가치를 강조하면서 결혼식의 아름다운 전통을 지키는 지혜를 제공하는 데 의의가 있다.

참고문헌

앤서니 기든스, 『현대사회학』, 을유문화사, 2012, p.308-359.

François de Singly, *La sociologie de la famille contemporaine*, A. Colin, Paris, 2007.

Jacque Commaille et al., *La politique de la famille*, La Decouverte, Paris, 2002, p.21-30.

Roselyne Roesch et Rosalba Rolle-Harold, *La France au quotidien*, PUG, Paris, 3e edition, 2008, p.23-32.

http://fr.wikipedia.org/wiki/mariage

http://www.paris.fr

스페인에서의 금기와 에티켓

임주인*

1. 에티켓과 금기의 일상적 의미

'에티켓(Etiquette)'이란 말은 원래 프랑스 말로 '꼬리표' 또는 '티켓'을 뜻하는 말이다. 과거 궁정에서는 궁정인이나 각국 대사의 주요 순위를 정하고, 그에 수반하는 예식의 절차를 정한 후 그 내용을 적은 티켓을 나누어 주었다. 루이 13세의 비(妃)이며, 루이 14세 초기까지 섭정한 안 도트리슈의 노력으로 이 궁정 에티켓이 발달하여, 루이 14세 때에는 이것이 완전히 정비되었다. 그것이 시초가 되어 사람들은 예의에 맞는 행동을 "에티켓대로 행동했어"라고 말하게 되었다. 그러나 루이 16세 때 그 엄격성이 해이해지고 또한 혁명으로 인해 일단 소멸했으나 나폴레옹이 다시 부활시켰다고 한다. 이러한 궁정 예절은 후에 영국 및 스페인 왕실 등 서구사회로 파급되었으며, 결국 부르주아 사교계의 관례를 준수키 위해 지급되었던 바른 행실을 적은 티켓이 오늘날 '옳다고 생각되는 행위'나 '바른 처신'이라는 어의로 변천되어 일반인에게까지 보편화된 것이다.

* 부산외국어대학교 지중해지역원 HK연구교수 스페인 문학전공.

모든 사회에서 금지되고 있거나 두려움을 일으키는 부분은 존재하고 있다. 이들은 주로 종교적이거나 마술적인 부분과도 연결되어 있다. 그것을 부르는 것 자체를 금지하는 것을 금기라고 한다. 신성한 부분은 두려움을 가지고 침묵되어야 하기에 이 부분을 언급하는 것 자체가 금기가 된다. 스페인의 종교·문화적 전통에서 금기 중 하나는 유대교에 대한 언급이다. 스페인에서는 오랜 세월 유대인들을 종교재판에 회부하여 처형해왔기에 이들에 대한 언급은 금기이다. 나라별로 종교와 문화가 다르고 처해 있는 사회적·경제적 상황이 다르기 때문에 금기에 대한 사항 역시 다양하다. 따라서 사회와 문화를 이해하는 데 있어서 그 나라의 금기조항이 무엇인지를 아는 것은 그 나라의 역사와 국민 정서를 이해하는 데 큰 도움이 된다. 어떻게 보면 완곡어법조차도 금기의 또 다른 표현이라고 볼 수 있겠다. 금기는 순수하지 못한 현실에 대한 인식에서 비롯된 것으로서 말하자면 배설물의 의미와도 통한다. 특히 음식물을 옆에 놓고서 하는 대화에서 배설물에 대해 언급하는 것과 같은 이치라 하겠다. 그래서 남의 집에 초대받아 갔을 때에도 화장실이 어디 있는가를 묻기보다는 어디서 손을 씻어야 하는가를 묻는 이유가 여기에 있다. 스페인에서 배설물을 연상시키는 '바뇨(baño)' 대신에 새로운 완곡한 표현들이 계속 만들어지는 이유 역시 그 단어가 오래 쓰이다 보면 다시 연상작용을 일으키게 되어 금기를 떠올리게 되기 때문이다. 한편 금기조항은 그 언어가 말해지는 지역 전체의 위협이 되기도 한다. 특히 과거에는 공동체의 위협요소로서 야생동물의 습격이 있었다. 그래서 동물의 이름을 부르는 것조차 금기시되기도 했다. 예를 들어서 곰(oso)을 부르는 말로서 이는

"꿀을 빨아먹는 놈"이라는 완곡한 표현으로 심리적으로 위험성을 연상시키는 것을 방지하고자 노력했다. 이를 통해서 우리는 동유럽 국가들에 살고 있는 슬라브 민족들이 숲 속에서 곰의 습격을 받을 위험성이 컸다는 점을 쉽게 추측할 수 있다. 이 뿐만 아니라, 오늘날에는 경제적인 문제로 인한 위험성이 어디에나 도사리고 있다. 따라서 경제적인 상황을 물을 때에도 완곡하게 표현하는 것이 일반적이다.

금기는 언어적인 면과 문화적인 면이 서로 대면하면서 나타나는 현상 중의 하나이다. 특정한 문화 속에서 언어가 갖는 제약이기도 하고 서로 이질적인 문화 간의 소통 속에서 실수를 초래할 수 있는 위험성을 내포하기도 한다. 예를 들어서 스페인인들은 여성의 생식기를 언급하는 부분을 금기로 많이 사용하였다.

터부는 사회가 바뀜에 따라서 바뀌어왔고 서양에서와 동양이 서로 많은 차이를 보인다. 서양세계가 동양세계보다 터부에 대해서 오히려 공개적으로 이야기를 하는 추세에 있다. 그 방법은 완곡한 표현법을 만들어 쓰는 것으로 바뀌고 있다. 예를 들어서 '노인'이라고 하는 단어는 '노인>반백>제3의 나이>연장자'의 순으로 바뀌어 가면서 이야기되고 있다. 터부의 뒤에는 언어에 대한 마술적인 기능이 자리 잡고 있다.

2. 일상생활에서의 금기와 에티켓

1) 만남에 있어서의 에티켓

- 처음 만나서 소개받을 때는 악수를 한다.
- 일단 어느 정도 친분이 쌓이게 되면 남성들은 서로 포옹을 하면서 서로의 어깨를 가볍게 두드려준다.
- 여성 친구들끼리는 서로의 뺨에 키스를 하게 되는데 이때는 왼쪽 볼에 키스를 우선 하고 나중에 오른쪽에 키스를 한다.
- 서로 친분이 적고 형식적인 경우, 호칭은 남성의 경우 '돈', 여성의 경우 '도냐' 뒤에 성을 제외한 이름을 붙인다.
- 많은 남성들은 악수를 할 때, 두 번을 흔들어 준다. 이때 왼손은 상대방의 전박(팔꿈치에서 팔목까지)에 댄다.

2) 식사 때의 에티켓

(1) 방문 시 준비할 내용
- 만약 스페인 사람의 집에 초대되어 가면 초콜릿, 와인, 음료, 브랜디, 페이스트리 등의 먹을거리나 꽃 등을 주인에게 선물한다.
- 만약 주인에게 자녀들이 있고 이들이 함께 참여하는 저녁시간에 방문하게 되면 작은 선물이라도 아이들을 위한 작은 선물을 준비해야 한다.

(2) 식탁 매너

- 식탁에 앉기를 권유받을 때까지 서서 기다린다. 왜냐하면 당신의 자리가 지정되어 있을 수 있기 때문이다.
- 식탁에 앉으면 당신의 손목을 식탁 가장자리에 가볍게 올려놓고 식사를 하는 동안에, 항상 당신의 손이 보이도록 한다.
- 초대한 주인이 식사를 시작하기 전에 절대로 먼저 식사를 시작해서는 안 된다.
- 대부분의 음식은 식기 도구를 사용해야 하고 과일조차 포크나 나이프를 이용해서 먹도록 해야 한다.
- 만약 당신이 먹기를 마치면 당신이 식사 때 사용한 나이프와 포크를 당신의 접시 위에 교차시켜 놓는다. 이때, 포크를 나이프 위에 놓는다.
- 초대한 주인이 제일 먼저 건배를 청한다.
- 이후에 초대받은 손님이 다시 건배를 청한다.
- 물론 여성도 건배를 청할 수 있다.
- 당신이 식사를 마쳤다는 것을 보여 주기 위해서는 접시 위에 포크와 나이프를 나란히 놓는다. 이때 포크는 위쪽으로 향하게 놓고, 손잡이는 오른쪽을 향하게 놓는다.
- 초대한 주인들이 일어나기 전에는 자리를 뜨지 않는다.
- 뷔페에서 식사할 경우 오른쪽에서 왼쪽으로, 찬요리에서 더운 요리의 순서로 옮겨 가는 게 원칙이며, 접시에는 음식이 겹치지 않도록 담아 세 번 정도 먹는 것이 적당하다. 양식의 경우 식기는 마음대로 움직이지 않도록 하고 스테이크의 기름을 제거하기 위해 접시를 돌리는 것도 실례되는 행동이

다. 생선요리를 먹을 때도 먹는 중간에 생선을 뒤집지 않도록 한다.

- 식탁에 앉아 테이블의 전체 상태를 확인, 자리가 정돈된 뒤 냅킨을 무릎 위에 놓는다. 식사 전 인사말이나 연설이 있을 때는 그 순서가 끝난 뒤, 식전 주를 주문한 경우라면 식전 주를 마시고 나서 펼치도록 한다. 입을 닦더라도 세게 닦지 말고 가볍게 눌러가며 닦는다. 특히 어떤 여성은 입술의 립스틱를 냅킨으로 닦아 내기도 하는데 이는 에티켓에서 벗어난 행위이므로 삼가도록 한다.

- 또 잘못하여 물을 엎질렀을 때도 냅킨으로 마구 닦지 말고 웨이터를 부르도록 한다. 식사가 끝난 뒤 일어설 때는 냅킨은 되는 대로 접어 테이블 위에 놓도록 한다. 의자 위에 놓는 것은 금기시되어 있다. 지나치게 깨끗이 접어 놓으면 잘못하여 사용치 않은 냅킨으로 착각할 수 있기 때문이다.

- 모르는 사람에게도 반드시 인사를 해야 한다. 아는 사람에게는 되도록이면 먼저 인사하는 것이 좋다.

- 식사를 할 때에는 식사 예절에 맞게 행동하여야 한다. 음식을 씹을 때는 입을 다물고 씹어야 하고, 국물은 소리 나지 않게 먹어야 한다. 커피를 마실 때에도 후룩후룩 분다든지 훌쩍훌쩍 마시지 말아야 한다.

- 술잔을 건네주는 행동은 삼가야 한다. 상대방 술잔이 바닥나기 전에 반드시 채워 주어야 하고, 술잔에 가득 채우지 말아야 한다.

3. 사업상의 금기와 에티켓

1) 관계와 커뮤니케이션

- 스페인인들은 자신이 알고 있고 믿음이 가는 사람들과 사업
  상의 관계를 갖는 것을 선호한다.
- 당신은 서두르지 말고 사업상의 관계를 갖고자 하는 파트너
  와의 신뢰를 구축하는 데에 역점을 두는 것이 중요하다.
- 일단 친분이 쌓이게 되면 당신이 사업상 파트너를 바꾼다 하
  더라도 그 신뢰는 오래가게 될 것이다. 개인적인 친분을 자신
  이 소속되어 있는 회사 그 자체보다 더 중요시하기도 한다.
- 직접 대면하는 자리를 갖는 것이 전화나 서면으로 연락하는
  것보다 더 큰 효력을 발생시킨다.
- 스페인인들과 친분관계를 맺을 때 당신 자신을 소개하는 방
  식이 매우 중요하다.
- 당신의 사업상의 실적이나 공로를 드러내고자 할 때 중요한
  것은 겸손이다.
- 커뮤니케이션은 의례적인 규율을 따라 형식에 맞추어야
  한다.
- 가능하다면 대결 구조는 피해야 한다.
- 믿음과 개인적인 친분은 사업에 있어서 초석이 된다.
- 스페인인들은 많은 다른 사회구성원들과 마찬가지로 자신의
  이미지에 많은 신경을 쓴다.

2) 사업상의 교섭 및 협상

- 스페인인들은 함께 사업을 하고자 하는 동료의 성격에 많은 비중을 둔다.
- 계급과 직위는 중요하다. 따라서 당신은 자신의 계급이나 신분에 어울리는 비슷한 이들과 관계를 맺고자 하는 노력이 필요하다.
- 의사결정은 회사의 최고 위치에 있는 자들에 의해서 행해진다. 이는 스페인이 계급적인 성향이 강한 나라이기 때문이다. 따라서 당신은 종국적으로 의사를 결정하는 사람들과 만나는 것은 위험하다.
- 당신이 이야기를 하는 도중에 남이 개입할 수 있다. 이것은 스페인에서는 실례가 아니다. 이는 개입하는 자가 단순이 당신이 하는 이야기에 흥미를 갖고 있다는 것을 의미하기 때문이다.
- 스페인인들은 체면이 깎이는 것을 좋아하지 않는다. 따라서 그들은 당신이 하는 이야기가 이해가 안 된다 하더라도 그것을 굳이 내색하려 들지 않는다. 특히, 당신이 스페인어를 하지 않을 경우라면 정확한 제스처를 취할 수 있어야 한다.
- 스페인인들은 매우 철두철미하다. 그들은 자신이 이해한 것이라 하더라도 매순간 이것을 재점검하는 태도를 보인다. 이에 대해서 불쾌해하거나 할 필요는 없다.
- 당신은 먼저 구두로 상대방을 이해시켜야만 한다. 그러고 나서 문서작성 등 형식적인 계약서식을 꾸미는 것이 필요하다.

- 스페인인들은 계약서의 문구와 단어 하나하나를 엄격하게 따
  진다.

3) 사업상의 미팅에 있어서의 에티켓

- 사업상의 약속은 의무적이고 필수적인 요소이다. 따라서 미
  팅 전에 미리 팩스나 전화로 약속시간과 장소를 정해야 한다.
  그리고 미팅 일주일 전에 전화나 서면으로 다시 확인을 해야
  한다.
- 약속 시간은 정확하게 지켜야만 한다.
- 첫 번째 미팅은 일반적으로 형식적이지만 만나는 횟수가 잦아
  질수록 서로를 더 잘 알아가게 된다. 만약에 첫 번째 미팅에
  서 어떠한 사업상의 논의가 이루어지지 않는다고 놀라서는
  안 된다.
- 협의 사항 및 의사일정 등이 때로는 엄격해야 할 때도 있지
  만, 매번 그럴 필요는 없다.
- 당신이 작성한 서면상의 자료를 영어와 스페인어로 준비할
  필요가 있다.
- 모든 사업상의 논의가 영어로 이루어지지는 않는다. 그래서
  당신은 사업 파트너와의 미팅 전에 미리 통역관을 데리고 가
  야 할 것인지에 대해서 체크해보는 것이 좋다.
- 사업상의 논의를 함에 있어서 동시에 몇 명의 사람들이 이야
  기를 할 수가 있다. 이때 당신이 이야기하는 동안에 다른 사
  람들이 개입할 수 있음을 명심해야 한다.

- 결정은 미팅 자리에서 즉시 이루어지지는 않는다. 따라서 미
  팅은 결정을 내기 위한 전 단계로서의 의견 교환 및 토론의
  장임을 기억해야 한다.
- 대부분의 스페인인들은 미팅 자리에서 자신의 의견을 드러내
  지 않는다. 중요한 것은 그들이 하는 언어 외의 커뮤니케이션
  에 주의를 기울여야 한다.

4) 사업상 의상 에티켓

- 사업상의 의상은 맵시 있는 것이 좋다. 단, 보수적인 스타일
  을 선호하는 편이다.
- 의상은 다른 유럽국가들의 경우와 유사하다.
- 고상한 액세서리의 착용은 여성이든 남성이든 누구에게나 중
  요하다.

5) 비즈니스카드 사용 시의 에티켓

- 당신은 도착하자마자 접수원에게 당신의 비즈니스카드를 제
  시해야 한다.
- 당신 카드의 한 면은 스페인어로 되어 있어야 한다.
- 카드의 스페인어 부분이 보이도록 접수원에게 건네준다.

4. 사회 질서유지와 관련된 금기와 에티켓

스페인과 중남미에서 서면상의 이름표기는 남자의 경우, 모친의 성을 붙인다. 기혼 여성은 본인의 이름 뒤에 반드시 'de'와 함께 남편의 성을 붙이는 것이 예의이다.

가톨릭 국가임을 염두에 두어 성당을 방문할 때는 단정한 옷차림으로 되도록이면 조용하고 엄숙한 분위기를 유지하여야 한다.

질서를 잘 지켜야 하며, 공공장소에서는 거의 대부분 기다리는 순서를 질서 있게 맞추기 위해 번호표(투르노, Turno)가 있으며, 이 번호표는 기계에서 자동으로 배포된다.

지하철 역내에서 흡연을 하면 벌금을 내게 되어 있으며, 특히 여자들이 많이 피우고 다닌다. 남자의 경우 공공장소에서는 대부분 담배를 피우지 않는다. 흡연장소 및 금연장소(지하철 구내 및 공항 대기실)의 구분이 우리나라와 비슷하며, 젊은 여성의 흡연 인구가 많고 여고생들도 길가에서 담배를 피우지만 단속은 하지 않는다.

신발을 구겨 신거나 운동복, 헐렁한 옷차림으로 상대방을 대하지 말고, 그러한 차림으로 거리에 나가면 안 된다.

교통질서를 지켜야 하며(특히 바르셀로나에서는), 반드시 상대방에게 양보하여야 한다. 그리고 스페인 사람들은 난폭하게 운전하는 편이므로 조심해야 한다.

토요일이나 일요일 오전 11시 이전에는 상대방의 집에 전화하지 말아야 한다. 밤늦게까지 놀다

단잠을 자고 있을 때이기 때문이다.

　스페인은 미국이나 다른 유럽국가들처럼 팁을 10% 정도를 주는 게 아니라 손님의 기분에 따라 준다. 계산은 계산서를 달라고 한 후 현금이나 신용카드로 지불하고 잔돈을 가져올 때까지 기다린다.

　탑승시 또는 하차시 여성에게는 반드시 문을 열어 주고 차에 탑승, 하차하도록 도와주어야 한다. 여닫이문이나 엘리베이터 등 앞에서는 여자에게 양보해 주는 것이 예의이다.

지하철 등에 있는 에스컬레이터는 그냥 서서 올라갈 경우는 오른쪽에 붙어 있어야 급한 사람들이 왼쪽으로 걸어서 올라간다.

　공중전화를 사용할 경우 스페인 사람들은 대부분 통화를 길게 하므로 인내와 끈기를 가지고 기다려야 한다. "통화를 짧게 합시다"라는 식으로 말해서는 안 된다.

　모든 방문에는 예약과 약속을 해야 한다. 이발소나 식당 등에서는 예약을 안 했다가 거절당하는 경우도 있다. 스페인 사람들의 시간 개념은 우리와 비슷하나 비즈니스나 돈에 관련되는 등 자신에게 유리하고 필요한 시간은 반드시 지킨다.

　'시에스타(SIESTA)'는 스페인어로 '낮잠'이라는 뜻이다. 옛날 스페인의 주산업이 농업일 때 농부들이 40도가 넘는 뜨거운 태양을 피해 점심식사 후 낮잠을 자고 쉬었던 스페인의 고유 관습이다. 아직도 스페인에는 이런 관습상의 이유로 식당이나 일반 회사들을 제외한 상점들은 점심시간에 문을 닫고 있다.

스페인의 시에스타는 향락적인 귀족문화가 그 배경을 이루고 있기도 하다. 과학적 연구를 통해 30분 정도의 짧은 낮잠은 원기를 회복하고 지적·정신적 능력을 향상시키는 효과가 있다고 밝혀지기도 하였다.

스페인 문화의 영향으로 수많은 라틴아메리카 국가들에서도 시에스타를 흔히 볼 수 있는데, 오후 1시부터 4시까지 주로 낮잠을 자며, 거의 모든 사람들이 상점이나 사무실 업무를 중단하고 잠을 자며, 이는 관광지나 박물관에서도 흔한 경우이니 사전에 미리 알아보고 방문해야 한다.

모임에서 모르는 사람이 옆에 있을 때는 자리를 피하거나 무뚝뚝하게 그냥 있지 말고 "처음 뵙겠습니다"라고 정중하게 말한 후 자신을 먼저 소개하는 게 예의이다. 대화는 비교적 부드러운 주제를 선택하는 게 무난하다. 문학이나 예술 방면 및 시사뉴스, 스포츠, 여행 등의 대화는 언제라도 화제로 선택해도 무리가 없다. 초면인 사람과의 대화에서 상식적으로 금기시되어 있는 것은 정치와 종교, 금전상의 화제이다. 정치는 오해 및 논쟁을 불러일으킬 수 있으며, 종교는 개인의 자유에 속하는 문제이기 때문이다.

최근 이러한 금기사항은 과거보다 많이 완화되었지만, 그렇다하더라도 종교관이 뚜렷한 인도, 이탈리아, 스페인 및 중동사람에게는 신경을 써야 한다. 특히 자리가 정해지지 않고 계속 움직여

다니며 대화를 나누는 모임이라면, 성별이나 직위를 감안해 여러 사람과 고루 이야기를 하는 것이 좋다. 모두 다 눈길을 줄 정도로 꼭 붙어 있거나, 큰소리로 웃는 것은 무례한 태도이며, 혼자서 일방적으로 말하거나 반대로 조용히 앉아만 있는 일, 또는 가족 자랑만 늘어놓는 일은 삼가야 한다.

분위기를 깨는 복장이나 냄새가 너무 강한 향수, 히스테리컬한 웃음소리, 식기에서 나는 소리, 소리 내어 음식을 먹는 행동은 주위 사람을 전혀 배려치 않는 행동으로 보이니 자제해야 한다. 또한 팔꿈치를 테이블 위에서 괴거나 턱을 괴는 행동은 무심코 할 수 있는 실수이니 조심한다.

여성의 경우 테이블이나 공식적인 자리에서 화장을 고치는 행동은 치명적인 무매너의 대표적 예이다.

남성은 악수할 때 장갑을 벗는 것이 에티켓이다. 특히 여성과 악수할 때에는 반드시 장갑을 벗어야 하는데 다만 우연한 만남으로 여성이 손을 내밀 때 당황하여 벗느라고 상대방을 기다리게 하는 것보다 '실례한다'라고 양해를 구한 후, 장갑을 낀 채로 신속하게 악수를 하는 것이 옳다. 여성은 실외에서 악수를 하는 경우, 장갑을 벗을 필요가 없이 낀 채로 해도 무방하다. 특히 공식파티에 서서 손님을 맞이할 때 장갑을 끼고 할 수 있다. 부인이 꼭 장갑을 벗어야 하는 경우는 승마 장갑 내지는 청소용 장갑을 꼈을 때뿐이다.

■ 술과 관련된 에티켓과 금기

서양에서는 술을 마시지 않는다고 하여 글라스를 식탁 위에 엎어 놓는 것은 금기로 되어 있다. 그러므로 술을 마시지 않을 경우는 웨이터가 와인을 글라스에 따르려 할 때 손가락으로 술이 필요하지 않는다는 신호를 웨이터에게 가볍게 하면 된다. 그러나 건배를 위한 샴페인만은 마시지 못해도 웨이터로 하여금 샴페인을 따르도록 하는 것이 예의이다.

그리고 한국 사람들은 상대가 술을 따를 때 술잔을 들어 올리는 습관이 있는데 서양 사람들은 술이나 물을 따를 때 글라스를 절대로 식탁에서 들어 올리지 않는다. 또 와인이나 물을 글라스에 넘치도록 가득 따르지 않고 대개 글라스의 7부 정도 따른다. 이러한 일상적인 예절 말고도 스페인에서의 술과 관련된 일련의 예법이 있다.

스페인에서 생산되는 것 중에서 세계적으로 그 양이 많은 것으로 와인을 들 수 있다. 세계적으로 명성을 떨치고 있는 상그리아, 맥주, 생맥주 등이 그것이다. 스페인에서의 술맛은 지역에 따라서 너무나 다양하다. 당신은 지역마다의 독특한 맛 때문에 술의 다양한 맛을 음미하는 데 결코 지치는 일은 없을 것이다. 중요한 것은 적절한 장소에서 적절한 술을 선택해서 마시는 것이다. 여기에는 또한 술과 관련된 올바른 에티켓을 따르는 것이 중요하다. 적시적소에 맞는 올바른 술 예절에 대해서 몇 가지를 간단히 소개해보고자 한다.

당신은 스페인에서 술을 마실 때 "코로나"나 "버드와이저"를 주문해서는 안 된다. 이런 술을 시키면 당신은 상대에게 결례를 행하는 것이다. 당신은 그 지방에서 나는 맥주를 주문해야 한다. 지방산 맥주는 맛은 있으면서 가격에 있어서 다른 술에 비해서 엄청나게 저렴하다. 스페인에서 생산되지 않는 술의 경우에 관세가 너무 비싸기 때문에 당신의 주머니 사정을 고려한다면 외국산 술들을 주문해서는 안 된다. 스페인에서 "에스트렐라(Estrella)"와 "산 미겔(San Miguel)"은 가장 잘 팔리는 맥주다. 만약 당신이 스페인 마드리드에 우연히 들르게 되었다면 대부분의 사람들이 산 미겔을 마시는 것을 볼 수 있을 것이다. 그리고 바르셀로나에서는 대부분의 사람들이 에스트렐라를 마시는 것을 볼 수 있다. 생맥주를 마시고 싶다면 한두 잔의 생맥주 "카냐"를 주문하는 것이 최선의 선택이다. 당신이 알코올 성분이 많고 깊은 맛의 생맥주를 마시고 싶다면 "볼 담(Voll Damm)"을 주문하면 된다. 스페인의 바텐더들은 외국인인 당신에게 스페인산 생맥주를 권할 것이다.

적포도주 '비노 로호 데 라 카사(Vino Rojo de la Casa)'와 백포도주 '비노 블랑코(Vino Blanco)'는 스페인 와인 중에 단연 으뜸이다. 적어도 스페인에 가면 이 두 와인은 꼭 맛을 보아야 한다. 당신이 하우스와인을 살 경우에 스페인 생산지를 잘 확인해야 한다. 스페인에서 잘 알려진 상그리아는 주말이나 대낮에 주로 소비된다. 상그리아는 그 가격이 매우 비싸고 특히 건조한 지역에서는 그 가격이 더욱 비싸다. 따라서 브런치나 점심과 곁들여서 마시는 것이 좋다. 이 뿐만 아니라, 스파클링 화이트와인을 이용해서 만든 '상그리아 데 카바(Sangria de Cava)'도 권할 만하다. 스파클링 화이트와인과 축제나 기념일에 많이 애용하는 샴페인을 혼동해서는 안 된다. 또한 스페인에서 젊은이들 사이에 인기가 있는 '칼리모초(Calimocho)'를 맛보는 것도 좋은 경험이 될 것이다.

■ 스페인 왕가에서의 에티켓(1547~1800)

　　스페인의 부르봉 왕조는 루이 14세와 외척관계를 맺으면서 프랑스의 왕실 문화가 많이 자리 잡게 되었는데 부르봉 왕조에서의 에티켓은 바로 왕조의 권위를 높이고 권위와 질서를 세우기 위한 장치였다고 해도 과언이 아니다. 부르봉 왕조는 카를로스 5세에서 펠리페 2세, 그리고 카를로스 3세에 이르기까지의 스페인 왕조이다. 당시 스페인에서는 다른 유럽의 왕실에서처럼 예법과 예식이 바뀌어 왔고 절대왕정체제를 유지하기 위하여 궁궐의 치장이나 미술, 음악 등에 많은 신경을 써왔다. 스페인 궁궐의 문화, 특히 부르봉 왕조의 궁중 예법은 카를로스 5세, 펠리페 2세 등 왕의 건강과 안전을 보장하기 위한 것에 초점이 맞추어졌다. 스페인 왕실은 스페인 국민의 정신적인 지주로서 특히 종교적이고 도덕적인 면에서 중요성을 갖는다. 그럼에도 불구하고 오늘날에 와서는 스페인 왕족 내지는 귀족들은 유럽의 다른 왕실과 마찬가지로 일반화된 에티켓에 따른다.

5. 종교 및 정치와 관련된 금기와 에티켓

공공장소에서 부르카 등 얼굴을 가리는 이슬람식 베일 착용을 금지하는 법안이 유럽 각국에서 마련되고 있는 가운데 이 같은 움직임이 스페인으로도 확산하고 있다.

스페인 국민당(PP)은 8월 하순에 공공장소에서 부르카 착용을 금지하는 법안을 논의할 것이라고 18일(현지시각) 밝혔다.

국민당은 부르카 금지법 통과를 촉구하는 결의안을 발의해 상원에서 통과시켰고, 당시 결의안에 반대했던 집권 사회당도 대법원이 부르카 금지법에 대해 위헌 판결을 내리지 않는다면 법안 추진을 지지하겠다는 입장을 밝힌 바 있다.

스페인에서는 바르셀로나가 지난달부터 지자체 건물에서 니캅과 부르카 착용을 금지하는 등 이미 동북부 카탈루냐 지방을 중심으로 8개 지방 정부에서 이 같은 법을 통과시켰거나 입법을 추진 중이다.

1) 정치적 이슈에서의 금기와 에티켓

(1) 핵에너지와 관련된 이야기

핵을 지지하는 이들과 공개적으로 토론을 한다는 것은 어렵다. 이번에 정권을 잡은 국민당(Partido Popular)에서는 공개적으로 핵과 관련된 논의를 촉구하고 있지만 이는 스페인 정계에서 오랜 금기로 되어 왔기에 깨뜨리기 어려운 실정이다.

(2) 무기징역과 관련된 이야기

무기징역의 문제는 스페인 정치권에서 금기시되고 있는 주제 중 하나다. 이 주제에 대해서도 국민당은 종신형의 개정 여부에 대해서 조심스럽게 논의를 요구하고 있지만 사회당(Partido socialista obrero españa)은 여전히 입을 다물고 있다.

(3) 노동법 개정에 관한 이야기

최근 사회당의 정권 말기 노동법 개정에 대한 논의는 금기시되어 온 안건이다. 경제 위기를 맞이하여 특히 실업을 둘러싸고 노동법 개정에 대한 논의가 나올 시기가 되었지만 여전히 그에 대한 구체적인 방안이 없다.

(4) 연금

지금까지 어느 누구도 연금 감
액에 대해서 논의를 꺼낸 적이 없
다. 사회당의 총리였던 사파테로는
연금 문제를 자신의 신뢰도 문제
와 직결된다고 보았다. 그러나 남
지중해의 경제위기에 직면하여 이 부분이 정치권의 금기로 계속
남아 있을지는 의문이다.

(5) 평등과 관련된 이야기

이는 특별히 정치권에서 선거인 명부에 있어서의 동질성의 문제
는 금기시된다.

(6) 아프가니스탄 전쟁과 관련된 이야기

이는 평화를 주장해온 사회당이 금기시해 온 주제이다. 그리고
국민당에서 금기시했던 주제는 이라크 전쟁과 관련된 것이다.

(7) 낙태

낙태는 낙태법 개정을 둘러싸고 찬반의 의견이 갈리고 있지만
그 어느 정당도 공개적으로 낙태를 하는 것을 승인하지는 않는다.
이 역시 금기사항이다.

(8) 물과 관련된 이야기

식수와 관련해서 함부로 얘기하게 되면 위험에 처하게 된다. 특

히 다른 자치주의 식수를 끌어오는 문제는 개별성과 독립성을 원칙으로 하는 자치주 간의 금기사항으로 되어 있다.

(9) 개별 자치주가 지닌 국가 스페인에 대한 애국심과 관련된 이야기

2) 그 외의 금기사항

금기라고 하는 것은 더 좋은 미래를 지향하는 것을 방해하고 평가절하시키는 것으로 여러 세대가 몸담고 있는 문명을 훼손하고 기만하고 무너뜨리려는 위협으로 간주되는 것이다. 이뿐만 아니라, 초월적인 삶을 지향하는 것에 문제를 야기시키는 일련의 위험요소들이라 할 수 있다. 스페인 사회에서 찾아볼 수 있는 금기사항은 위에 나온 것 외에도 다음과 같은 것들이 있다.

(1) 마치스모
'마치스모'는 남성다움의 과시를 의미하는 말로서 여성에 대한 상대적인 우월성을 두고 하는 말이다.

(2) 낙태문제
오늘날 스페인 사회에서 낙태는 실제로는 합법화되고 있다. 왜냐하면 그 어느 누구도 어머니의 배 속에 들어 있는 아이의 고통을 알 수 없을 뿐더러 아이가 크는 것을 책임질 수가 없기 때문이다.

(3) 종교에 관한 이야기

스페인은 중세 이후 오랜 기간 동안, 종교와 관련한 전쟁에 휘말려 왔기 때문에 그들은 피의 순수성을 내세우면서 종교적인 문제에 대한 언급을 꺼려 왔다. 악명 높은 종교재판소의 이단 심문과 유대인에 대한 박해에 대한 기억은 아직도 지워지지 않고 있다.

(4) 성에 관련된 이야기

오랜 기독교적 전통에 뿌리를 둔 이들에게 있어서 성에 대한 노골적인 주제는 금기이다. 특히 중세 이베리아 반도를 차지하고 있던 서고트 족의 멸망이 성적인 쾌락에서 왔음을 상기시키

는 돈 훌리앙 백작의 전설로 인해 성적인 언급은 금기시되고 있다. 서고트 왕국의 마지막 왕 로드리고는 자신의 성적인 욕망을 채우기 위해서 북아프리카의 훌리앙 백작의 딸을 겁탈하게 된다. 이를 안 돈 훌리앙 백작은 이베리아 반도 정복을 노리고 있던 이슬람교도들에게 지브롤터 해협을 건너도록 허용한 것이 이슬람교도들의 이베리아 정복의 원인이었다. 적어도 이 같은 믿음으로 인해서 성적인 방탕과 성적 욕망은 기독교 신앙의 큰 재앙이자 걸림돌로 여겨졌다.

(5) 카탈루냐에 대한 이야기

카탈루냐에서는 스페인에 대한 애국심을 언급하면 불편함을 느낀다. 그들은 카탈루냐가 스페인과는 다른 나라이고 독립되어야 한다고 믿고 있기 때문이다. 이는 스페인 내전에서 프랑코 독재자

에 반대하는 공화당원들이 많기 때문이다. 1909년 무정부주의자들과 공화주의자들이 주도하는 가운데 바르셀로나 노동자들이 거리로 뛰쳐나와 집결해 있는 군인들에게 저항하다가 보복을 당한 사건이 그 중의 하나다.

(6) 스페인의 독립

깃발과 언어 그리고 전통이 서로 다른 자치권이 강한 스페인 각 자치주에서 스페인의 독립을 강조하는 것은 금기사항이다.

(7) 외국 이민자와 관련된 이야기

외국 이민자들이 스페인을 자신의 땅이라고 이야기하는 것은 금기사항이다. 왜냐하면 스페인에 이주해오는 많은 외국 이민자들은 북아프리카인들로, 이들은 주로 무슬림들이며 중세 이후 스페인에서 추방당한 무슬림 후예들이다. 이들은 다시 힘을 길러서 스페인을 재정복하겠다는 복수심을 키워 왔다. 따라서 무슬림 이민자들이 스페인을 자신의 땅이라고 하는 것은 중세 스페인 기독교도의 국토 회복운동의 이상에 위배된다.

(8) 정치적 논쟁

스페인의 첫 공화정 체제는 불과 1년(1873)이었고 그동안 네 명의 대통령이 재임했다. 19세기 말엽, 정치적 타락이 걷잡을 수 없게 되자 이에 대한 반동으로 무정부주의 세력이 커지면서 스페인 국력은 쇠퇴 일로에 놓였다. 1898년 쿠바를 잃은 스페인은 최악의 상태를 맞이했으나 이후 몇 년간 문학과 예술적 활동은 격앙되고 있었다. 이런 불안을 틈타 프리모 데 리베라의 독재주의가 고개를 들었고 스페인 정치는 점차 양극화되었다. 알폰소 13세가 억지로 왕위를 내놓은 가운데 1931년 불운한 제2의 공화정이 들어서게 되었고 이후 민족주의를 표방한 군 장성들이 반란을 일으키는 스페인 내란의 불씨를 안게 되었다. 내란은 결국 공화정치와 민족주의를 표방하는 이들 간의 갈등에서 비롯된 것으로 이와 관련된 정치적 논쟁은 대화의 유쾌한 주제가 될 수 없다.

(9) 이스라엘에 관한 이야기

스페인 중세 때의 유대인에 대한 반유대주의 정서는 참혹할 정도로 세대를 거듭해가면서 이어지게 된다. 1492년 가톨릭 양왕의 국토회복전쟁 이후 계속된 유대인 추방은 기독교로 개종한 유대인(콘베르소)에 대한 사회적 차별로 이어지게 되고 중세 유대인의 디아스포라를 이끌어낸다. 지중해 지역으로 퍼져 나간 유대인(세파르디) 후손들은 중세 스페인어와 히브리어가 합해진 언어인 후데오 에스파뇰로 된 민요와 로만세를 전승하게 되고 지중해 각 지역

::톨레도에 있는 유대인 회당(시나고가)   ::톨레도에 있는 작은 예루살렘 성전

의 문화적 영향을 수용하여 변용된 형태의 세파르디 문화를 이루어낸다.

그럼에도 불구하고 유대인들의 추방에 대한 반감과 스페인의 반유대주의 정서는 이후에도 계속 남아서 이스라엘과 팔레스타인 분쟁에까지 영향을 미치게 된다. 2010년 스페인은 프랑스와 함께 팔레스타인의 국가공인 추진 건 등으로 이스라엘과 갈등을 일으켜 왔다.

이스라엘 일간 『하레츠』는 21일 "쿠슈네르 장관과 유럽연합(EU)의 순번 의장국인 스페인의 미겔 앙헬 모라티노스 장관이 이스라엘-팔레스타인 간의 평화협 상이 마무리되기 전이라도 18개월 이내에 유럽연합이 팔레스타인 국가를 인정하는 방안을 추진하고 있다"고 보도했다. 프랑스와 스페인 외무장관은 마무드 아바스 팔레스타인 자치정부 수반이 국가 출범을 선포하면 유럽의 주요 신문에 유럽연합이 이를 인정해야 한다는 내용의 기고문 게재도 준비 중인 것으로 알려졌다. 이 같은 보도를 통해서 팔레스타인을 지지하는 스페인과 이스라엘의 외교적 갈등을 짐작해볼 수 있다.[5]

(10) 쿠바에 관한 이야기

쿠바는 콜럼버스가 발견한 이후, 그의 동생 디에고 벨라스케스

---

5) 한겨레 2010.2.21. 조일준 기자, http://www.hani.co.kr/arti/international/europe/405937.html

에 의해서 지배를 받았다. 그리고 그 과정에서 원주민을 거의 노예화하고 학살하는 등 원성을 자아내게 된다. 이러한 비극적인 정복의 역사는 이후 두 나라 간의 관계에 걸림돌이 되었다. 1510년에 스페인은 쿠바 아래의 카리브 지역을 탐험하여 발견한 후였지만, 쿠바 섬과 멕시코 만에 대한 소유권은 아직 없었으며, 멕시코, 북아메리카, 플로리다도 마찬가지였다. 거의 20년 전에 콜럼버스가 최초로 쿠바에 상륙했고 1511년 그의 동생 디에고가 쿠바 섬 정복을 명령했다.

디에고 벨라스케스 데 쿠엘라르와 에르난 코르테스의 지휘하에, 함대는 히스파니올라에서 윈드워드 해협을 건너 100㎞를 항해했다. 이들은 곧 아순시온 데 바라코아에 도착했다. 원주민인 타이노족의 활, 화살, 투석기는 스페인의 갑옷, 궁수, 대포, 치명적인 긴 강철 검에 전혀 상대가 되지 않았으므로, 정복은 별 어려움 없이 이루어졌다. 벨라스케스는 내륙으로 들어가 바야모로 향했고, 100명가량의 타이노 원주민을 학살하고 족장을 처형했다. 훗날 본토를 정복하며 즐겨 쓰게 될 무자비한 학살이라는 수단을 사용한 것이다. 몇몇 원주민과는 친교를 맺었으나, 가장 빠른 승리를 얻는 길은 학살이었다. 그들은 정착촌을 세울 계획도를 그린 뒤 스페인 군인과 지주에게 원주민을 배당해 주었다. 인디언들은 종교 교육을 받는 대가로 사금을 채취하거나 카사바, 옥수수, 고구마, 쌀 등을 재배하는 강제 노동에 처했다. 쿠바의 인디언을 노예로 삼는 일은 금지되어 있었지만, 뭐라고 부르든 이는 노예제도나 마찬가지였다. 양, 돼지, 소, 흑인 노예들 또한 들여왔으며, 정착민들은 아내를 불러왔다. 거북 양식과 담배 재배 등 이윤을 낳기 위한 다른 사업과 더불어 목축업과 광업이 발달했다. '아델란타도(총독)'로서, 벨라스케스는 계속해서 1514년에 산티아고 데 쿠바를, 1515년에는 아바나를 세웠다. 이후 쿠바는 미서전쟁의 불씨가 되어 스페인에 큰 영향을 미치게 된다.

1895년 쿠바인의 스페인 본국에 대한 반란은 스페인 본국의 쿠바인에 대한 압정(壓政)과 설탕에 대한 관세에 따른 경제적 불황이 그 직접 원인이었다. 이와 같은 쿠바인의 대(對)스페인 반란은 1868년과 1878년에도 있었으나, 그 당시는 미국이 쿠바인을 후원하지 않았기 때문에 실패로 끝났다. 그러나 90년대에 접어들자 정세는 크게 변화하였다. 미국인의 쿠바에 대한 경제적 관심이 현저하게 높아져서 쿠바의 설탕 생산에 타격을 주는 일은 많은 미국의 투자가에게 손실이 되면서 적극적으로 쿠바의 독립에 미국이 개입하게 되었다.

스페인과 미국 사이에는 직접 전쟁을 유발할 만한 중요한 사건은 일어나지 않고 있었으나, 스페인의 쿠바인에 대한 태도에 대해서는 그것이 학대라든지, 압정이라는 식으로 신문에 보도되어, 미국인으로 하여금 스페인에 악감정을 가지게 하는 결과가 되었다. 의회가 결의하였음에도 불구하고 클리블랜드 대통령은 불간섭 방침을 견지하였으나, 매킨리는 1896년에 실시되는 대통령선거의 공약으로서 쿠바의 독립을 내세웠다.1898년 2월 스페인 공사(公使) 데 로메가 매킨리를 비난하는 사신(私信)이 허스트계(系)의 신문에 폭로된 일과 쿠바에 있는 미국인의 생명·재산을 보호하기 위해 파견된 군함 메인호가 아바나 항(港)에서 격침된 사건으로 해서 여론은 급격히 전쟁으로 기울어졌다. 이에 따라 4월 11일 대통령은

대(對)스페인 개전요청(開戰要請) 교서를 의회에 보내고, 20일 의회
가 선전포고를 함으로써 양국은 전쟁상태에 들어갔다. 미국군은
마닐라 만(灣), 산티아고 등 여러 곳에서 승리를 거두어 전쟁은 불
과 수개월 만에 끝났다.

전쟁결과 12월 10일에는 파리조약이 체결되어 쿠바는 독립하고,
푸에르토리코·괌·필리핀은 미국 영토가 되었다. 이후 스페인은
몰락의 길을 걷게 되었고 남미에 있는 거의 모든 식민지를 잃게 되
었다. 스페인의 입장에서 볼 때 쿠바와의 악연은 크나큰 앙금으로
이후에도 많은 외교적 갈등을 낳게 하는 불씨가 되었다.[6]

(11) 신자유주의에 대한 이야기

네오리베랄리스모는 신자유주의로서 평등과 자유 그리고 정의
를 이데올로기로 하는데 이들은 체제를 부인하고 이기주의적인 측
면이 두드러지기 때문에 금기사항이다.

(12) 색깔에 대한 금기

20세기 이후 스페인의 스포츠는 축
구가 절대적인 우위를 점해 왔다. 하
지만 농구나 테니스, 자전거, 자동차
경주 또한 많은 인기를 끌고 있다. 오
늘날 스페인은 여러 국제 스포츠 행

사의 메카로 각광을 받고 있는데, 그 계기는 지난 1992년 바르셀로

<hr>

6) 미국–스페인전쟁(美國–戰爭, Spanish–American War), 네이버 백과사전.

나 올림픽이었으며, 그 뒤로 전국적인 스포츠 시설 구축이 본격적으로 이뤄졌다. 관광산업의 발달과 함께 골프와 스키, 수상 스포츠에 대한 시설 또한 상당 부분 증설됐다. 그 때문에 사계절 내내 스포츠를 즐길 수 있는 곳으로 정평이 나 있기도 하다.

투우는 18세기 후반 론다라는 곳에서 시작되어 스페인 스포츠로서 국제적인 명성을 누리고 있으며, 논쟁의 대상이 되기도 한다. 모든 도시에는 투우장이 있으며 안달루시아에만 투우장이 70여 곳이 있다. 투우사는 붉은색이나 금색, 검은색의 복장을 한다. 그러나 노란색 옷을 입는 것은 금기사항이어서 관객조차 노란색 차림을 절대 하지 않는다. 오래전부터 재앙을 부른다는 믿음이 전해지고 있기 때문이다.

6. 음식에서의 금기와 에티켓

돼지고기 요리는 스페인에서 특히 유명하다. 세고비아의 새끼돼지구이는 세계적으로도 명성을 떨치고 있는데 우리의 애저찜과 같은 이 요리가 중세시대 스페인의 악명 높은 종교재

판에 사용되어졌다는 점은 영화 「고야」에서도 소개되고 있다. 스페인 사람은 하몽을 비롯하여 돼지고기를 많이 먹는데, 돼지고기를 금기시하는 회교도와 유대인들을 이베리아반도에서 몰아내었

던 스페인 사람들이 유대인이
나 개종 유대인들을 구별해내
는 기준으로 이들이 돼지고기
를 먹느냐 아니냐를 중요시 여
겼다. 이유는 이슬람교와 유대
교에서 돼지고기는 금기시되
기 때문이다.

::꼬치니요 아사도(Cochinillo asado)

　　스페인의 카스티야 왕국
의 이사벨라 여왕과 아라곤
왕국의 페르난도 국왕은 국
토회복운동(레콩키스타)을
통해서 무슬림과 유대인들
을 기독교도로 강제 개종시
키거나 추방시켰는데 이는
종교적인 순수성을 지키기

::세고비아의 아기돼지구이집(Horno de Asar)

위한 것이었다. 이 과정에서 거짓으로 개종한 유대인들이 겉으로
는 기독교도인 척하나 실상 남모르게 유대교 예식을 따르는 이들
이 있었는데 이들에 대한 색출은 이웃주민들의 고소에 의해서였
다. 이웃 주민들은 주변에서 돼지고기를 먹지 않는 이웃에 대해서
종교재판소에 고소를 하게 되고 특별한 증거 없이 심증만으로 이
들을 이교도로 몰아 처형시켰다. 한편, 기독교도들은 양파의 냄새
를 악마의 향으로 보고 이를 금기시했다. 따라서 중세 시대 무슬림
과 기독교도들의 전쟁 중, 무슬림들은 양파를 깎아서 기독교도 진

영에 던져 넣곤 했다고 한다.

　스페인 사람들의 식성은 세계적으로 알려져 있다. 이들은 먹거리가 떨어지지 않는다 해도 과언이 아닐 정도로 많은 양의 음식을 먹는다. 게다가 그들의 식성은 가히 잡식성이라 할 수 있다. 이슬람이나 힌두교도처럼 특별히 금기시하는 음식도 없고, 재료의 이용에 있어서도 머리부터 발끝까지, 피나 뇌수 같은 부속물까지도 버리는 것 없이 거의 다 요리에 활용하고 있다. 바다로 둘러싸인 스페인에서는 해물을 이용한 음식이 많다. 우리나라의 불고기나 김치, 일본의 스시와 사시미, 그리고 이탈리아의 피자나 파스타처럼 외국인에게 잘 알려진 스페인 요리가 바로 '빠에야(Paella)'이다.

　우리말로 '철판해물밥'이라고 설명할 수 있는 빠에야는 오목한 철판에 각종 어패류와 쌀 그리고 색이 아름다음 향신료인 '샤프란'을 넣어 만든 밥이다. 하지만 빠에야의 대명사처럼 알려진 해물빠에야는 스페인의 여러 가지 빠에야 중 하나인 발렌시아 풍의 음식에 불과하다. 우리나라 김치가 많지만 그중 배추김치가 많이 알려진 것과 같은 이치라고 보면 된다. 원래 빠에야는 가난한 시절에 만들어지면서 검소

하고 소박한 요리에서 시작되었다.

　뱀장어, 토끼고기, 강낭콩에 쌀 같은 비교적 그 지방에서 구하기 쉬운 재료들을 한데 섞어 올리브기름을 넣고 밥을 하듯이 만들어 낸 요리였다. 그러던 것이 점차 발전을 하면서 지금은 세계에서 가장 값비싼 향신료인 샤프란을 넣어 만들어진다. 샤프란이란 일반인들은 잘 모르는 낯선 향신료지만 요리사, 특히 서양요리를 하는 사람들에게 있어서는 매우 비싼 향신료로 잘 알려져 있다. 어쨌든 지금은 스페인의 대표요리로서 빠에야가 당당히 자리매김을 한 만큼 6월이 되면 발렌시아 지방에서는 빠에야 요리대회가 열리곤 한다. 그럼에도 불구하고 스페인에서도 피하는 음식 재료가 있다. 표에서 보는 바와 같이 쥐, 개, 곤충, 고양이, 거미 등이 스페인 음식 중에서 금기시되는 식재료이다.7)

　이러한 식재료를 통해서 세계 여러 나라가 갖는 음식에 대한 다양한 금기를 엿볼 수 있다. 이들은 미신이나 종교 및 관습에 따라서 서로 다른 금기조항들을 갖고 있음을 알 수 있다.

---

7) http://es.wikipedia.org/wiki/Alimentos_tab%C3%BA

음식물	금기시하는 국가	허용하는 국가
Ranas(개구리)	미국, 영국, 유대인	프랑스, 스페인, 이탈리아, 아시아, 아르헨티나, 볼리비아, 멕시코
Perros(개)	유럽, 미국	중국, 콩고
Insectos(곤충)	유럽, 아메리카 대륙의 일부	아시아, 아프리카, 아마존 지역, 멕시코
Gatos(고양이)	유럽, 아메리카 대륙의 일부	중국
Caballo(말)	미국, 영국, 호주	프랑스, 멕시코, 이탈리아, 독일, 스페인
Ratas(쥐)	유럽, 미국	가나, 태국
Vacas(암소)	인도	무슬림, 아메리카 대륙, 기독교도
Tortugas(거북)	유대인	아시아, 아메리카 대륙
Cerdos(돼지)	유대인, 무슬림	기독교도
Pájaros cantores (앵무새)	독일, 아르헨티나	볼리비아, 이탈리아, 프랑스, 멕시코, 스페인, 포르투갈
Arañas(거미)	유럽, 아메리카 대륙	라오스, 아마존의 일부 부족
alimentos preparadosconsangre (동물의 피)	무슬림, 유대인, 여호와의 증인	남미의 대부분 국가들, 멕시코, 스페인

참고문헌

이강혁 『한 권으로 보는 스페인 역사 100 장면』, 가람역사, 2003
지중해지역원 『지중해문명의 다중성』, 이담북스, 2010
Ulises Culebro *La aventura de la Historia*, Comunidad de Madrid, 2008
Isabel Margaret *Historia y vida*, Número 479, Febrero, 2008

관련 사이트
http://es.wikipedia.org/wiki/Alimentos_tab/C3/BA
http://www.hani.co.kr/arti/international/europe/405937/html

저자 소개

윤용수 (아랍)한국외국어대학교 박사 아랍어학 전공
황의갑 (모로코)무함마드 5세 국립대학교 박사 이슬람학 전공
신성윤 (이스라엘)히브리대학교 박사 구약학 전공
최자영 (그리스)이와니나대학교 박사 역사고고학 전공
김희정 (이탈리아)밀라노 가톨릭대학교 박사 이탈리아문학 전공
장니나 (프랑스)파리Ⅷ대학교 박사 프랑스사회언어학 및 F.L.E 박사
임지영 (프랑스)파리 데카르트대학교 박사 사회학 전공
임주인 (스페인)서울대학교 박사 스페인문학 전공

지중해의
에티켓과 금기

초판인쇄 | 2012년 6월 25일
초판발행 | 2012년 6월 25일

지 은 이 | 지중해지역원
펴 낸 이 | 채종준
펴 낸 곳 | 한국학술정보㈜
주   소 | 경기도 파주시 문발동 파주출판문화정보산업단지 513-5
전   화 | 031)908-3181(대표)
팩   스 | 031)908-3189
홈페이지 | http://ebook.kstudy.com
E-mail | 출판사업부 publish@kstudy.com
등   록 | 제일산-115호(2000. 6. 19)

ISBN   978-89-268-3575-3 93340 (Paper Book)
        978-89-268-3576-0 95340 (e-Book)

이담
Books 는 한국학술정보(주)의 지식실용서 브랜드입니다.